KB015739

영어로 읽는

도덕경
道德經

한자와 한글, 영어로 배우는 노자의 가르침

영어로 읽는 도덕경(道德經)

초판 1쇄 인쇄일 2024년 5월 1일
초판 1쇄 발행일 2024년 5월 10일

지은이 제임스 김
펴낸이 양옥매
디자인 표지혜 송다희
마케팅 송용호
교　정 조준경

펴낸곳 도서출판 책과나무
출판등록 제2012-000376
주소 서울특별시 마포구 방울내로 79 이노빌딩 302호
대표전화 02.372.1537　**팩스** 02.372.1538
이메일 booknamu2007@naver.com
홈페이지 www.booknamu.com
ISBN 979-11-6752-471-3 (03150)

영어로 읽는

도덕경
道德經

제임스 김 지음

책과나무

COLUMBIA UNIVERSITY
C. V. STARR EAST ASIAN LIBRARY

November 19, 2019

Mr. James T Kim
7389 SW 85th Dr.
Gainesville, FL 32608

Dear Mr. James T Kim,

I wish to express my appreciation for your generous donation of

"Jesus Meets the Buddha, 예수를 만난 붓다"

to the Korean collection at C.V. Starr East Asian Library, Columbia University.

Your donation will be a significant contribution to the collection.

Thank you again for your support.

Sincerely,
Hee-sook Shin

Hee sook Sh.

Korean Studies Librarian
C.V. Starr East Asian Library 310M Kent Hall
New York, N.Y. 10027
Tel. 212-854-1507
Fax.212-662-6286

300 KENT HALL · MAIL CODE 3901 . 1140 AMSTERDAM AVENUE
NEW YORK, NY 10027 · 212/854-2578 FAX:212/662-6286

UNIVERSITY OF CALIFORNIA, BERKELEY

BERKELEY DAVIS IRVINE LOS ANGELES RIVERSIDE SAN DIEGO SAN FRANCISCO  SANTA BARBARA SANTA CRUZ

C. V. Starr East Asian Library   Tel: 510-643-0652

Berkeley, CA 94720-6000   Fax: 510-642-3817

                                              Email: changjio@berkeley.edu

Title: Confirmation of Receipt
Ref.: 2019-0014
Date: Nov. 12, 2019

Dear Mr. James Kim,

We acknowledge with thanks the receipt of the following title into the C.V. Starr
East Asian Library collection:

"Jesus meets the Buddha and" 1 vol.

We believe the title will benefit greatly the users of our library. We would very
much like to continue to receive this valuable title from you.

On behalf of the library and our users, we look forward to continue this special
relationship with you and really appreciate your kindness.

Respectfully yours,

JAE YONG CHANG, Ph.D
The C.V. Starr East Asian Library
University of California, Berkeley

알아 두기

한자 해석 시 주의사항

1. 한자는 단철어(單綴語)여서 각각의 문자(文字)마다 독립된 의미를 지니고 있다.

2. 한자는 현재와 과거, 미래를 구분하는 시제가 없고, 존칭어도 없다.

3. 한자의 각 단어는 2가지에서 많게는 72가지의 다른 뜻으로 해석될 수 있다. 예를 들어 重 자는 36가지 뜻으로 해석이 가능하고, 天 자는 72가지 뜻으로 해석될 수 있다.

4. 중국어는 명사가 명사를, 동사가 명사를 그리고 형용사가 명사를 수식할 수 있고 또 주체와 객체가 서로 혼용된다는 사실을 명심해야 한다. 그래서 한자는 연산(演算: 획과 음을 인수분해)의 방법으로 문장 속에서 그 의미를 찾아내야 한다.

5. 한자는 '은/는', '이/가' 등의 주격 조사나 '을/를' 등의 목적격 조사도 별로 없기 때문에 앞뒤 문맥을 살펴서 중간중간 '~하니', '~하면', '~하나', '~하고', '~하나니', '~이면', '~이요', '~인데', '~이니', '~이니라' 등의 조사를 넣어서 띄어쓰기를 해야 전체적인 문장의 뜻을 이해할 수 있다. 그리고 또 어디에서 띄어 쓰느냐에 따라 그 의미가 사뭇 달라진다.

6. 한자에서 추상명사는 동사로도 쓰인다. 예를 들어 愛 자는 '사랑, 사랑하다'로, 思 자는 '생각, 생각하다'로 풀이된다.

왜『도덕경』인가? 그 간결성과 심오함

"마음에 신성함이 곧 지혜이며,
그때에 경전, 선생, 사원과 같은 것은 모두 사라져 버린다."
- Ralph Waldo Emerson

『도덕경』은 전 인류가 본받아야 할 소중한 잠언(箴言)으로, 내가 『도덕경』 영문판 번역을 시도한 것은『도덕경』의 간결성(brevity) 때문이다. 영어를 배우는 첩경도 긴 문장을 아주 짧게 축약해서 의사 전달을 하는 것이 핵심일 것이다. 아인슈타인도 모든 이론이나 말은 짧게 정리해야 한다고 했다.

인간의 탐욕스러운 본성은 아무리 많은 세월이 흘러도 변치 않는 듯하다. 노자『도덕경』의 핵심을 한마디로 정의한다면 금욕(禁慾)이라고 할 수 있다. 동양인으로서 만일 서양인들에게 한 권의 책을 추천한다면 나는 주저 없이 노자의『도덕경』을 권할 것이다.

그만큼『도덕경』은 서양의 그 어떤 사변적인 철학서보다도 인간 내면의 아름다운 심성을 발현할 것을 은유와 상징으로 간략하고 의미심장하게 피력한 심성 철학서이다.『도덕경』에는 우주와 자연의 작동 원리와 인간의 삶 전체를 꿰뚫는 심오한 지침이 담겨 있다.

서양 철학의 종착점인 비트겐슈타인은 논리 철학 논고에서 서양의 철학적 문제는 플라톤 이후 줄곧 언어가 왜곡되어서 만들어진 가짜 문제들(pseudo problems)이며 형이상학은 거창한 말 같지만 단지 말장난에 불과하다고 서양 철학을 폄하했다. 서양철학은 너무 사변론적인 데 반해 노자 『도덕경』의 매력은 인간의 마음을 꿰뚫어 보는 직지인심(直指人心)에 있다.

또한 유교에서는 전통적으로 남존여비 사상을 중요시하는 가부장적 질서를 근간으로 하는 수직적인 사회를 천명했다면, 노자는 역설적으로 여성 중심 그리고 수평적인 평등 사회를 천명했고 마치 수천수만의 산줄기에서 흘러내리는 물이 가장 낮은 계곡으로 모여서 강으로 바다로 흘러가듯이 여성의 수용성과 생산성을 인간이 추구해야 할 최고의 가치로 설정했다는 것이 탐욕으로 가득찬 21세기를 사는 우리에게 주는 가장 핵심적인 가르침이라고 생각된다.

2020년 1월 세계화의 바람을 타고 중국의 우한에서 발생한 covid-19 바이러스가 불과 수개월 만에 전 세계인들을 공포의 도가니로 몰아넣고 4년이 지난 지금, 워싱턴 대학의 건강측정연구소의 통계에 의하면 전 세계에서 7백만 이상의 생명을 앗아 갔으며 미국에서만 거의 백만 명이 사망했다고 한다. 이 모든 문제의 주범은 자본주의를 앞장세워 인류가 추구해 온 끝없는 소비의 확장으로 인한 무자비한 자연환경 파괴와 그 여파로 생태계를 잃은 동물들이 가진 바이러스가 매개체인 설치류 등을 통해서 인간을 공격하는 양태로 나타난 것이다.

그래서 테슬라(Tesla) 자동차 회사의 일론 머스크(Elon Musk)는 인류가 살아남기 위한 유일한 길은 화성을 개척하는 것뿐이라고 암울한 인류의 앞날을 점치고 아마존(Amazon.com)의 제프 베이조스(Jeff Bezos)와 함께 2030년까지 화성에 인류의 정착촌 개발에 전력투구하고 있다. 인류는 이제 앞만 보고 달려가던 주행을 잠시 멈추고 자연으로 돌아가자는 노자의 무위자연(無爲自然)에 귀를 기울일 때가 아닌가 한다.

노자는 춘추전국시대의 사상가로 주나라의 수장실 사관(史官)이었다. 지금으로 말하면 국립도서관장이라고 할 수 있는데, 망해가는 주나라를 떠나 진(秦)나라로 가던 중 함곡관이란 곳에 도착했을 때 관소의 감독관이었던 윤희(尹喜)가 노자임을 알아보고 세상을 등지고 떠나는 노자에게 가르침을 남겨 줄 것을 부탁하였다.

이에 노자가 밤새 5,000자의 글을 남겨 놓고 다음 날 서쪽으로 떠났다고 하는데 그 이후의 행적에 대해서는 알려진 바가 없었다. 그런데 저자가 얼마전 George Washington 대학의 의과대학 교수로 28년간 재직 했던 이돈성(Dr. Mosol Lee)박사가 20년간의 간난신고 끝에 영어로 쓴 " We need another voice, Taoism to Zen Buddhism"을 우연히 접하게 되었는데 그 책에 의하면 원시불교는 노자가 인도(천축국)에 가서 당시 지성인들 과의 담론을 통해서 노자의 사상에 깊이 공감한 브라만들이 불교라는 새로운 종교를 착안했으며 결국 그 들이 전국시대에 초기 고조선의 발생지인 금미달(산서성)지역에 도착해서 불교를 전파했다는 놀라운 주장을 했다.

『도덕경』을 읽을 때 노자라는 철학자가 현실 정치에 회의를 느끼고 어디론가 떠나가는 상황을 연상해 보면서 읽으면 좀 더 쉽게 이해할 수 있다.

기본적으로 노자는 『도덕경』에서 위성지학(爲聖之學: 지도자가 성인이 되는 가르침)을 목표로 하고 또 백성들 또한 성인이 되라고 선도하고 있다. 영국의 역사학자인 에드워드 카(E.H. Carr)는 역사는 과거와 현재의 끊임없는 대화라고 했는데 저자는 한 발짝 더 나아가 역사는 과거와 현재 그리고 미래와의 끊임없는 대화라고 믿고 싶다.

『도덕경』은 총 81장으로 1장부터 37장까지는 「도경(道經)」이고 38장부터 81장 까지는 「덕경(德經)」으로, 노자는 이 책을 통해서 혼란했던 춘추시대를 어떻게 종결짓고 태평성대를 이룰 수 있는지에 대해서 천착했다고 할 수 있다.

『도덕경』은 백서본(기원전 250~200년경 집필한 것으로 추정)과 왕필본(그의 나이 16세 때인 기원후 226~249년경에 집필한 것으로 추정)이 있는데 저자는 두 번역본을 현대적인 시각에 맞게 번역하였다. 『도덕경』은 사람마다 조금씩 다르게 해석할 수 있기에 어느 것이 옳은 번역인지는 노자에게 물어보아야 정확한 답변을 얻을 수 있을 것이다.

그러나 지금 나에게 어떤 교훈을 줄 수 없는 말은 죽은말(死句)이나 다름없다. 번역은 제2의 창작이라는 말이 있듯이 상상력을 동원해서 조금이라도 노자의 원래 의도에 근접하는 해석을 하려고 노력하였다. 톨스토이가 인생 말년인 1894년에 러시아로 번역한 『도덕경』도 흔히 우리가 서점에서 볼 수 있는 번역과 사뭇 다른데, 톨스토이는 그 책에서 문자에 구애받으면 원래 살아 있는 의미를 죽이게 된다면서 대단히 개방적인 해석을 내놓았다.

저자도 20년 전부터 각기 다른 많은 『도덕경』 번역판을 읽고 해석을 해 보았으나 명쾌한 해석을 할 수가 없었다. 그런데 여기에 완벽한 것은 아닐지라도 영문 번역과 한자와 한글을 함께 편집함으로써 독자들이 『도덕경』에 쉽게 접근할 수 있는 가교를 만들어 놓았다고 할 수 있다.

해석이 완벽치 못한 점은 저자 스스로도 인정하면서 감히 난해한 『도덕경』 번역을 시도한 것을 부끄럽게 생각하면서 후대들이 차후에 좀 더 충실하고 완벽한 번역본을 낼 것을 기대해 본다.

차례

2부

· **덕경**(德經, Te Ching) ·

지금 우리가 접하는 『도덕경(道德經)』이란 제목은 원래 '德道經'이었다고 하는데, 기원후 3세기 중반에 당시 약관 16세의 소년인 위나라의 왕필이란 천재 사상가가 주석을 달면서 '道德經'으로 바뀌었다고 전해진다. 사실 '德道經'보다 '道德經'이라고 부르는 것이 좀 더 자연스럽게 들린다.

여기서 「도경(道經)」이란 道를 말해 주는 경전이란 뜻인데, 道에 대한 최초의 해석은 『주역』의 「계사전」에 다음과 같이 풀이하고 있다. "형이상자 위지도(形而上者 謂之道) 형이하자 위지기(形而下者 謂之器)", 즉 형체로 나타나기 이전의 상태를 道라고 하며, 형체로 나타난 이후의 상태를 器라고 한다고 정의했는데, 여기서 器는 눈에 보이는 우주 만물을 뜻한다.

즉, 道라는 것은 인간의 제한된 언어로 표현하기가 쉽지 않은데 굳이 해석하자면, 수도승들이 오랜 시간을 수행할 때 오감으로 포착되지 않는 공(空)의 상태라든지 통찰력 또는 양심과 자비심, 천지 운행의 길, 인간이 살아가는 데 지켜야 할 도리, 인간끼리의 사랑, 인간의 마음, 일체의 존재의 근원에 있는 진리, 천지 만물을 낳았으면서도 자기를 창조자라고 인식하지 않는 무위(無爲) 등 포괄적인 의미를 내포하고 있다.

道를 터득한 사람은 문명의 허식에 현혹되지 않고 무너지지 않는 삶의 자세를 유지할 수 있다고 한다. 이제 독자들은 『도덕경』을 공부하면서 자연스럽게 道가 무엇인지 스스로 터득하게 될 것이다.

1부

도경

(Tao Ching)

1장

道可道 非常道(도가도 비상도)

THE BEGINNING OF THE UNIVERSE

道可道(도가도) 非常道(비상도)[1]

도를 도라고 말할 수 있으면 그것은 늘 그러한 도가 아니고,

The Tao that can be expressed is not the Tao of the Infinite,

名可名(명가명) 非常名(비상명)

이름을 지으면 그것은 늘 그러한 이름이 아니다.

The name that can be named is not the name of the Infinite.

無名天地之始(무명천지지시)

이름이 없는 것은 천지의 시작이고,

The nameless originated Heaven and Earth(in the state of being empty and void, all things should be produced)

有名萬物之母(유명만물지모)

이름이 있는 것은 만물의 어머니라고 한다.

The named is the Mother of all things.

故常無欲(고상무욕)² 以觀其妙(이관기묘)³

그래서 욕심이 없으면, 사물의 실상을 바로 보고,

Therefore, without expectation one will always perceive the subtlety,

常有欲(상유욕)⁴ 以觀其徼(이관기요)⁵

욕심을 부리면, 늘 가장자리만 본다.

And with expectation, one will always perceive the boundary.

此兩者(차양자) 同出而異名(동출이이명)

이 두 가지(바른 생각과 그른 생각)는 같은 근본에서 나왔으나, 그 이름을 달리한다.

The source of these two is identical, yet their names are different.

同謂之玄(동위지현)⁶ 玄之又玄(현지우현)⁷

같은 데서라고 말하는 것은 묘하다, 참으로 묘하도다.

Together they are called profound, deeply profound and mysterious.

衆妙之門(중묘지문)[8]

진실로 묘한 문이라고 할 수 있다.

The gateway to the collective subtlety.

1장에서 말하는 道는 모든 만물을 만들어지게 할 수 있는 원리, 즉 태극 이전의 무극(無極)이다. 영어로는 'Infinite'라고 표현할 수 있는데 요가 철학에서는 kala(산스크리트어)라고 칭한다. Kala는 time과 emptiness를 말하는데, 아인슈타인은 상대성 원리에서 질량은 시간과 공간을 휘게 만들기 때문에 중력파를 만들어 낸다고 했다. 시간과 공간이 있음으로써 물질이 생기게 되는데 그때 최소한의 물질을 유지할 수 있는 어떤 힘이 바로 道인 것이다.

그래서 『도덕경』 4장에서 노자는 道를 상제지선(象帝之先), 즉 하느님 이전의 것이라고 말했다. 구약성서의 1장 1절에서 "태초에 하나님이 천지를 창조하시니라"고 기록되어 있는데 道는 "하나님보다 먼저 있는 것"이라는 뜻이다. 양자역학에서 어떤 것도 에너지 보존의 법칙에 의해서 저항을 받지 않으면 엄청난 에너지를 갖고 있는 닫혀 있던 곳(false vacuum)에서 아주 미세한 대칭성(cp symmetry)의 파괴로 인해서 폭발하면서 無에서 有가 생겨날 수 있다고 한다.

인간은 자신이 인간이라는 사실을 인식한 순간부터 천지자연의 신비함을 탐색해 왔고 그 사색의 결과는 모든 종교가 태동하게 된 결정적인 계기라고 할 수 있다. 그런데 여기서 常이란 말은 道가 변하지 않는 그 무엇이 아니라 오히려 변화의 배후에 있으면서 변화를 가능하게 하는 불변의 법칙을 말하는 것이다. 즉, 道를 제한적인 언어의 틀 속에 한정시키는 우를 범하는 것을 경계해야 한다는 논리를 강조한 것이다.

1 　常: 상은 늘 변치 않는다는 뜻이 아니라 『주역』의 變易(변역)의 뜻으로 변화한다는 법칙은 변함이 없다는 뜻이다.

2 　常: 늘의 뜻

3 　以: 하다. 觀: 보다. 妙(묘): 신묘함, 사물의 실상.

4 　有: 성취하다. 欲: 욕심.

5 　以: 하다. 徼(요): 가장자리.

6 　同: 같은 데서. 謂: 말하다. 玄: 의미심장하다.

7 　玄: 깊은 곳. 又: 또.

8 　衆: 진실로. 妙: 묘한. 之: 어조사. 門: 근본.

2장

天下皆知美知爲美(천하개지미지위미)

TRANSCENDING THE POLARITY

天下皆知美之爲美(천하개지미지위미)[1] 斯惡已(사오이)[2]

천하 사람들이 아름다움을 오로지 아름다움으로만 알고 있는데, 그것은 추한 것이기도 하다(산이 높다고 말할 때 낮은 곳이 있기에 그렇게 말할 수 있는 것과 마찬가지로 아름다움의 이면에는 추한 면도 있다는 양면성을 말하는 것이다).

When all the world knows beauty as beauty, there is ugliness as well.

皆知善之爲善(개지선지위선)[3] 斯不善已(사불선이)[4]

천하 사람들이 선을 선으로만 알고 있는데, 그것은 선하지 않은 것이기도 하다.

When they know good as good, there is also not as good.

故有無相生(고유무상생) 難易相成(난이상성)

그러므로 있음과 없음은 서로서로를 생하고, 어렵고 쉬운 것은

서로 이루고,

In this way, existence and nonexistence produce each other, difficult and easy compete each other.

長短相形(장단상형) 高下相傾(고하상경)

긴 것과 짧은 것은 서로 바뀌어 이루어지는 것이며, 높고 낮음은 서로 바뀌어 기운다.

Long and short contrast each other, high and low attract each other.

音聲相和(음성상화) 前後相隨(전후상수)[5]

노래와 소리는 서로 화하고, 앞과 뒤는 서로 바뀌어 따라가게 된다.

Pitch and tone harmonize each other, the front and rear part should be followed in series.

是以聖人(시이성인) 處無爲之事(처무위지사)[6]

그래서 성인은 거짓 없이 일을 처리하고,

Therefore, evolved persons hold their position without effort,

行不言之敎(행불언지교) 萬物作焉而不辭(만물작언이불사)[7]

말없이 가르침을 행하고, 만물은 스스로 자라나는 데 그걸 간섭함이 없다.

Practice their philosophy without words and by the same token, regard the essential entity of Heaven and Earth may produce and bring forth all kinds of phenomenal things, not by spoken words.

生而不有(생이불유)[8] 爲而不恃(위이불시)[9] 功成而弗居(공성이불거)[10]

생산한 것을 소유함이 없고, 잘되어 가게 하면서도 거기에 기대지 않고, 공이 이루어져도 거기에 머물지 않는다.

They produce but do not possess, act without expectation, succeed without taking credit.

夫唯不去(부유불거)[11] 是以不去(시이불거)[12]

그저 거기에 머물지 않으니, 잃을 것이 없다.

Indeed, they may not dwell constantly, and it remains with them

2장에서는 이원론적 사고를 초탈해서 無爲(함이 없는 자연스러운 상태)를 강조하면서 음양의 상보성을 말하고 있다. 서양의 사고는 플라톤 이후 줄곧 선과 악, 옳음과 옳지 않음, 천사와 악마 등으로 이분화하는데, 노자는 만물의 상보성을 중요시하고있다. 즉, 친구와 적이라는 상대적인 개념을 경계한다. 친한 친구도 내일 나의 원수로 둔갑할 수 있고, 원수도 어느 날 나의 은인으로 돌아올 수 있기 때문이다. 결국 모든 분별심은 나의 마음이 만들어 낸 허상에 불과하다고 보는 것이다. 그래서 성인은 영원히 늘 변치 않는 無心의 경지를 유지하고 있다는 것이 2장의 핵심이다.

---

1 皆(개): 모두를. 爲美: '미'라고 인식하다.

2 惡(악): 나쁘다, 사악하다는 뜻, 그러나 '오'로 읽을 때는 싫어하다는 뜻. 이(己): ~이다.

3 皆知(개지): 천하 사람들이 다 알고 있다.

4 斯(사): 그러한 것은.

5 隨(수): 따라가다.

6 處: 처리하다. 無爲(무위): 노자 철학의 핵심으로 함이 없음, 즉 거짓 혹은 사욕이 없음을 뜻한다. 산스크리트어로는 'asamskrta(not by artificial tricks or false skills and also should be true to nature)'이다. 반면에 有爲는 인위적으로 혹은 거짓으로 일을 처리하는 것을 말한다. 그러므로 노자가 무위자연이라고 말하는 것은 손 놓고 아무것도 안 한다

는 것이 아니라, 사사로운 탐욕을 내려놓고 대승적인 마음에서 모든 일을 처리한다는 것이다. 에고가 하는 것을 有爲라고 하며, 無爲는 마치 하느님이 하는 것처럼 보이지 않게 하는 것을 말한다.

7 作: 하다. 焉(언): 하는 대로 받들다. 不辭(불사): 말없이.

8 有: 소유.

9 不恃(불시): 의지하지 않다.

10 不居: 거기에 머물지 않는다.

11 唯(유): 그저. 弗居: 차지하지 않다.

12 不去: 여기서 去는 잃는 것을 뜻한다.

不尙賢 使民不爭(불상현 사민부쟁)

KEEPING THE PEACE

不尙賢(불상현)[1] 使民不爭(사민부쟁)[2]

능력이 있는 사람들을 높이지 않으면, 백성들은 다투지 않는다.

Do not exalt the very gifted, and people will not contend.

不貴難得之貨(불귀난득지화) 使民不爲盜(사민불위도)[3]

얻기 힘든 재화를 귀하게 여기지 않으면, 백성들은 도둑질을 하지 않는다.

Do not treasure goods that are hard to get, and people will not become thieves.

不見可欲(불견가욕) 使民心不亂(사민심불난)

욕심나게 할 물건을 백성들에게 보이지 마라, 그러면 백성들의 마음은 어지럽지 아니할 것이다.

Do not focus on desires, and people's minds will not be confused.

是以聖人之治(시이성인지치)

그래서 성인의 다스림은,

Therefore, evolved persons lead others by,

虛其心(허기심)⁴ 實其腹(실기복)⁵

마음을 비우고, 너그럽게 베푸는 마음을 갖추고

Opening their minds, reinforcing their centers,

弱其志(약기지)⁶ 强其骨(강기골)⁷

지나친 야망을 버리고, 인격을 강건하게 하고,

Relaxing their desires, strengthening their characters,

常使民無知無欲(상사민무지무욕)⁸

백성들이 서로 비교하지 않게 해서 욕심을 갖지 않게 하며,

Let the people always act without competing each other and avoid desires,

使夫智者(사부지자)⁹ 不敢爲也(불감위야)¹⁰

지식이 좀 있는 자가, 감히 조작하지 못하게 한다.

Let the clever not venture to act.

爲無爲(위무위)**¹¹** 則無不治(즉무불치)**¹²**

자연스럽게 일을 하면, 다스리지 못할 것이 없다.

Act with natural process of making policy, and nothing is impossible to govern.

3장에서는 無爲, 有爲란 말이 많이 나오는데『도덕경』의 핵심 원리이다. 노자는 인간의 탐욕, 인공(人工), 인제(人製)를 초월함이 無爲라고 했다. 소위 어떤 인위적인 힘이 가해지지 않은 natural process(자연스런 과정)로 해석함이 온당할 것이라고 사료된다. 사실 태양과 달이 뜨고 지는 것, 봄 · 여름 · 가을 · 겨울 네 계절이 바뀌는 천지자연의 원리는 모두 하나의 자연스러운 과정일 뿐이다. 반면에 有爲는 지나치게 인위적인 힘이나 의지가 작용했을 때를 의미한다.

---

1 尚賢(상현): 좀 현명한 사람들을 높여 주는 것.

2 使: 하게 하다.

3 爲盜(위도): 爲는 하게 하다, 盜는 도둑질.

4 虛(허): 비우다. 其: 어조사 기.

5 腹(복): 후하게 베푸는 마음.

6 弱: 버리다. 志: 지난친 야망.

7 骨: 인격.

8 常: 항상. 使民: 백성을 ~하게 하다. 無知: 비교하지 못하게. 無欲: 욕심이 없게.

9 使: ~하게 하다. 夫: 그저. 智者: 아는 자.

10 不敢(불감): 감히 ~못하게 하다. 爲: 꾸미다.

11 爲無爲: 앞의 爲는 다스리다, 뒤에 爲는 거짓을 뜻함.

12 則(즉): 법칙. 不治: 다스려지지 않음.

4장

道沖而用之 或不盈(도충이용지 혹불영)

THE NATURE OF THE TAO

道沖而用之(도충이용지)[1] 或不盈(혹불영)[2]

도는 텅 빈 것 같지만 그것을 활용한다고 해도, 이상하게 용량이 너무 커서 고갈되지 않으며,

The Tao is empty and yet useful, the vessel should not be filled overflowing,

淵兮(연혜)[3] 似萬物之宗(사만물지종)[4]

경이스럽도다! 세상만사의 근원인 것 같구나.

So profound! It resembles the source of All Things.

挫其銳(좌기예) 解其紛(해기분)[5]

예리한 곳을 유연하게 해 주고, 얽힌 것을 풀어 주며,

It blunts the sharpness, unties the tangles,

和其光(화기광) 同其塵(동기진)[6]

갈등은 화해해 주고, 번뇌가 생기면 편안하게 해 준다.

Harmonizes the difficulties, it identifies with the ways of the world.

湛兮(담혜)[7] 似或存(사혹존)[8]

맑고 또 맑아라, 이상하게도 무엇이 있는 것 같다.

So deep! It resembles a certain existence.

吾不知誰之子(오부지수지자)[9]

나는 누구의 자식인지 모른다.

However, we cannot recognize whose son is this.

象帝之先(상제지선)[10]

하느님보다 앞서는 것 같네.

Thus, before the heavenly king was born, the essential nature of the path of heaven and earth should have existed itself.

4장에서는 道는 하느님보다 앞선 그 무엇임을 강조하고, 道의 실체를 서술하고 있다.

1 沖(충): 깊은. 而: ~하더라도. 用: 쓰다.

2 或(혹): 이상하게도. 不盈(불영): 차서 넘치지 않는다.

3 淵兮(연혜): 대단하구나.

4 似(사): 같다.

5 粉(분): 혼잡하게 얽힌 것.

6 同: 편안하게 해 주다.

7 湛兮(담혜): 湛은 맑은 것, 숨어 있는 것. 兮는 어조사.

8 似: 인 것 같다. 或: 이상하게도.

9 誰之子(수지자): 누구의 자식인지.

10 象: ~인 듯하다. 帝: 천제를 말하는 것으로 하느님을 뜻함. 先: 앞서다.

5장

天地不仁 以萬物爲芻狗(천지불인 이만물위추구)
HOLDING TO THE CENTER

天地不仁(천지불인)¹ 以萬物爲芻狗(이만물위추구)²

하늘과 땅은 정이 없고, 그래서 모든 만물을 마치 풀로 만든 강아지처럼 여긴다.

The Heaven and Earth should be impartial, they regard all things as straw dogs.

聖人不人(성인불인) 以百姓爲芻狗(이백성위추구)³

성인은 사사로운 정이 없고, 백성을 풀로 만든 강아지처럼 여긴다.

Evolved persons should be impartial, they regard all people as straw dogs.

天地之間(천지지간) 其猶橐籥乎(기유탁약호)³

하늘과 땅 사이는 마치 풀무와도 같다.

Between Heaven and Earth, the space is like a bellows.

虛而不屈(허이불굴)[4] 動以愈出(동이유출)

텅 비어 있지만 다함이 없고, 작동해 가면서 더욱 산출해 낸다.

Even if the essential vital energy of the Heaven and Earth should be in vanity or voidness in space, its vital life should be invigorated so as to born constantly without ceasing.

多言數窮(다언삭궁)[5] 不如守中(불여수중)[6]

말이 많으면 더욱 자주 곤경에 처하게 되는데, 마음속에 간직하는 것만 못하다.

Too much talk will exhaust itself, it is better to remain centered.

5장에서는 道는 자연 자체이기 때문에 어떤 인위적인 함이 없이 공평무사하다는 것을 강조한 것이다. 즉, 道의 실체를 좀 더 상술하고 道는 마치 마른 풀잎으로 만든 개의 모양과 같이 인간이든 동물이든 어떤 객관적인 대상에 대해서 편견이나 오감(五感) 또는 고정된 의지가 없음을 말하고 있다.

1 　不仁(불인): 정(情)이 없다는 것은 어느 한쪽으로 치우치지 않는 공평무
　사의 뜻이다. 爲: 행하다.

2 　以: 처럼. 芻狗(추구): 풀잎으로 만든 강아지.

3 　猶(유): 마치 ~같다. 橐籥(탁약): 대장간의 풀무.

4 　不屈(불굴): 다함이 없다.

5 　多言(다언): 말이 많으면. 數(삭): 자주. 窮(궁): 곤궁하게 되다.

6 　不如(불여): ~만 못하다. 守(수): 간직하다. 中: 마음속에.

6장

谷神不死 是謂玄牝(곡신불사 시위현빈)
PERCEIVING THE SUBTLETY

谷神不死(곡신불사)[1] 是謂玄牝(시위현빈)[2]

생명의 근원(谷神)은 영원한데, 이것을 (여자의 음부와 비교해서)
신비한 암컷이라 한다.

The mystery of the valley is immortal; It is known as subtle
female.

玄牝之門(현빈지문)[3] 是謂天地根(시위천지근)

이러한 신비한 문은, 천지의 근원이라 일컫는다.

The gateway of the subtle female, is the source of Heaven
and Earth.

綿綿若存(면면약존)[4] 用之不勤(용지불근)[5]

끊이지 않고 이어 가는데, 이렇게 움직이게 하는 힘은 결코 지치
지 않는다.

Everlasting, endless, it appears to exist, its usefulness comes with no effort.

    6장은 道를 현빈(玄牝)으로 표현했는데, 원래는 이상한 여자란 뜻이나 여기서는 아이를 낳아도 낳아도 끊기지 않는 어머니 자궁의 생산성과 불멸성으로 표현한 것이다.

---

1   谷神: 여자의 자궁을 말한다.

2   謂(위): ~이라 부른다.

3   玄牝(현빈): 깊은 계곡.

4   綿綿若存(면면약존): 오랫동안 끊기지 않고. 若(약): 오래. 存: 이어 가다.

5   用: 쓰다, 움직이다. 不勤(불근): 지치지 않는다는 뜻으로 여성의 생식 능력을 뜻한다.

7장

天長地久(천장지구)

THE POWER OF SELFLESSNESS

天長地久(천장지구)[1]

하늘은 영원하고 땅도 오래간다.

The Heaven is eternal, and the Earth exists in the extreme end of time.

天地所以(천지소이)[2] 能長且久者(능장차구자)[3]

하늘과 땅이 그렇게 오래갈 수 있다는 것은

They can be eternal and everlasting,

以其不自生(이기부자생) 故能長生(고능장생)

스스로를 위해서 존재하지 않기 때문이고, 그렇기 때문에 오래 갈 수 있는 것이다.

Because they do not exist for themselves, for that reason they can exist eternally.

是以聖人(시이성인) 後其身而身先(후기신이신선)

그래서 성인은, 자신을 뒤로하고(부정하고) 남을 추대하지만 결국은 남의 추대를 받아 앞서게 되는데

Therefore, evolved persons, put themselves last, and yet they are first.

外其身(외기신)[4] 而身存(이신존)[5]

자신을 제쳐 놓고 돌보지 않으면, 오히려 영존(永存)하게 된다.

Put themselves outside, and yet they remain forever.

非以其(비이기) 無私也(무사야)

그렇게 하지 않는 것은, 사심이 없기 때문이 아니겠는가?

Is it not because they are without self-interest?

故能成其私(고능성기사)[6]

그러나 그렇게 함으로써 진실로 자신을 성취하는 것이다.

Indeed, their interest could be succeeded.

7장은 자신을 내세우지 않는 겸손함을 강조하고 있는데, 마치 하늘과 땅이 만물을 생성하고 성장하게 만들고 밤과 낮이 있게 하면

서도 자신을 드러내지 않음과 같이 道를 몸으로 내면화한 성인의
겸손함을 자연에 비유한 것이다. 주역의 64괘 중 55괘인 뇌화풍(雷
火豐)괘는 성인이 나타나면 해가 중천에 떠서 만물을 골고루 비추
듯이 모든 사람들의 삶을 바르게 인도할 것이라고 한다.

---

1 여기서 天은 광막한 공간을 그리고 地는 영원한 시간을 뜻한다.

2 所以: 그러한 이유.

3 能: 할 수 있는. 長: 오래가다. 且(차): 그런데도. 久(구): 지속되다.

4 外其身: 자신을 소외한다.

5 而身存: 그러므로 자기 자신이 보존된다.

6 私: 자기가 성취하고자 하는 것.

上善若水(상선약수)

NONCOMPETITIVE VALUES

上善若水(상선약수)[1]

최상의 선은 마치 물과 같다.

The highest value is like water.

水善利萬物(수선이만물)[2] 以不爭(이부쟁)

물은 만물을 이롭게 하면서, 다투지 아니한다.

The value in water benefits all things, and yet it does not
contend.

處衆人之所惡(처중인지소오) 故幾於道(고기어도)[3]

모든 사람이 싫어하는 곳에 있는데, 그러므로 도에 가깝다.

It stays in places that others disdain, therefore is close to the
Tao.

居善地(거선지)[4] 心善淵(심선연)

백성을 잘 거느리고, 마음은 지극히 깊게 하고

The value in a dwelling is location, the value in mind is depth.

與善仁(여선인)[5] 言善信(언선신)

그들은 어진 것을 보여 주고, 말은 지극히 신뢰가 있다.

Their actions are benevolence, in words they are sincere.

正善治(정선치) 事善能(사선능)[6]

올바르게 잘 다스리고, 맡은 일은 능력껏 잘 처리하고

They rightfully govern the nation, esteem people by virtue of good capability.

動善時(동선시) 夫唯不爭(부유부쟁)[7] 故武尤(고무우)[8]

일을 일으킬 때는 때를 잘 선택하고, 오직 싸우지 않으니, 허물이 없다.

In action, aware of timing, indeed, they do not contend, therefore, there is no resentment.

8장은 道의 속성을 만물에게 생명을 주고 정화해 주는 물에 비유해서 계속 강조하고 있다.

---

1 上: 가장. 善: 좋은. 若(약): 조사로 ~ 같다.

2 善利: 이롭게 한다. 而: 하지만. 不爭: 다투지 아니하다.

3 畿(기): ~에 가깝다.

4 地: 백성을 뜻함.

5 與: 보여 주다. 善: 잘. 仁: 인자함.

6 事: 맡은 일. 善: 잘. 能: 능력껏.

7 夫(부): 생각해 보건대. 唯(유): 오직.

8 故: 고로. 尤(우): 허물.

9장

持而盈之(지이영지)
TRANSCENDING DECLINE

持而盈之(지이영지)[1] 不如其已(불여기이)

가득 채운 상태로 그대로 유지하려면, 이는 그만두는 것만 못하며,

Holding to fullness, is not as good as stopping in time.

揣而銳之(췌이예지)[2] 不可長保(불가장보)

너무 갈아서 예리하게 하면, 이는 오래 보존하지 못한다.

Sharpen a knife too much, its edge will not last.

金玉滿堂(금옥만당) 莫之能守(막지능수)[3]

금과 옥이 집에 가득해도, 이를 지킬 수 없으며

A house filled with gold and jade, can't be defended.

富貴而驕(부귀이교)[4] 自遺其咎(자유기구)[5]

부귀하다고 교만하면, 오히려 그 허물을 스스로 남긴다.

Pride in wealth and position, invites a certain fall.

功成自退(공성자퇴) 天地道(천지도)

공을 이루고 나면 물러나는 것이, 하늘의 이치이다.

Withdrawing when success is achieved, is the Tao in Nature.

9장은 만물은 성주괴공(成住壞空)의 원리에 따라서 생겨나서 성장하고 일정한 기간 머물다 스러져서 결국 공으로 돌아가니 만사에 집착하지 말 것을 강조하고 있다.

---

1 持(지): 지속하다, 유지하다. 而: 한 상태로. 盈(영): 가득 차다. 之: 어조사.

2 揣(췌): 갈아서 날카롭게 하는 것. 而: 해서. 銳(예): 날카롭게 하다.

3 莫(막) 없다. 之: 어조사. 守: 지키다.

4 而驕(이교): 교만하게 굴면.

5 自遺(자유): 스스로 남기다. 其: 어조사. 咎(구): 미움, 재앙의 뜻.

載營魄抱一(재영백포일)
VISION, EMPOWERMENT AND GROWTH

載營魄抱一(재영백포일)[1] **能無離乎**(능무이호)[2]

영백(나의 몸과 마음)에 하나됨(장자의 만물제동설에서 사람이 도를 닦아 덕을 몸에 지니면 도의 관점에서 사물을 직시하게 되어 종국에는 생과 사가 동반자이며 만물이 하나이고 대립상과 상대적 차별상을 떠나 하나의 기운이 천하를 관통하는 한마음, 즉 도와 동격인 하나됨을 꼭 껴안아, 영혼은 하나이므로 이 양자가 분리되지 않게 할 수 있느냐?

In managing your physical instincts and embracing oneness, can you be undivided?

專氣致柔(전기치유)[3] **能嬰兒乎**(능영아호)[4]

한 가지 일에만 마음을 집중하며, 마치 어린아이와 같이 할 수 있느냐?

In focusing your influence, can you yield as a newborn child?

滌除玄覽(척제현람)[5] 能無疵乎(능무자호)

마음에 더러운 것을 씻어 내고, 흠 없이 될 수 있겠느냐?

By cleaning your faculty of consciousness like a mirror, can you become free of error?

愛民治國(애민치국) 能無爲乎(능무위호)[6]

백성을 사랑하면서 나라를 다스리는 데, 진실로 잔재주를 부리지 않고 할 수 있느냐?

In loving people and leading the country, can you create without false tricks?

天門開闔(천문개합)[7] 能爲雌乎(능위자호)[8]

인간 마음의 신통력이 열렸다 닫혔다 하는 것같이, 여성의 유연성과 같이 할 수 있느냐?

In opening and closing the gateway to nature, can you not weaken like women's flexibility?

明白四達(명백사달) 能無爲乎(능무위호)

모든 사리에 통달하면서도, 마치 아무것도 모르는 것같이 할 수 있느냐?

In seeing clearly what the people disperse in all directions, can you be without knowledge?

生之畜之(생지축지)[9] 生而不有(생이불유)

낳고 기르면서도, 산출한 것을 소유하지 않고,

Produce things and cultivate, but do not possess.

爲而不恃(위이불시) 長而不宰(장이부재)[10]

거짓이면 따르지 않고, 우두머리가 되어도 다스리지 않는다.

Act without expectation, advance without dominating.

是謂玄德(시위현덕)

이를 일컬어 지극한 덕이라 한다.

These are called the subtle powers.

10장에서는 여성의 유연성을 강조하고 있다. 영백(營魄)이란 나의 몸과 마음을 뜻하고, 일(一)은 하늘을 뜻하는데 양자를 융합하는 하나됨을 여성의 생식기능(혹은 어린이의 행동)이란 메타포를 사용해서 설명했다. 아주 적절한 비유라고 생각한다. 백성의 마음을 존중하는 지도자의 이상을 자식을 낳고도 소유하지 않는 여성성과 비교해서 德을 설명하고 있다.

1 　載(재): 타다, 안주하다. 營魄(영백): 魂魄(혼백)과 같은 말(spiritual energy). 一: 하늘.

2 　無離(무이): Not leaving the path of heaven and earth.

3 　專氣(전기): 마음을 한곳에 집중시키다. 致柔(치유): 유연한 마음을 갖다.

4 　嬰(영): 갓난아이. 兒: 어린아이. 乎: 할 수 있느냐?

5 　滌除(척제): 깨끗하게 하다. 玄覽(현람): 사람의 마음.

6 　能: 할 수 있다. 無爲: 잔재주를 부리지 않음을 뜻한다.

7 　天門(천문): 사람 마음의 신통력(때로는 여성의 성기를 비유할 때도 있음). 開闔(개합): 열렸다 닫혔다.

8 　爲雌(위자): 雌(자)는 여성을 뜻하는데, 여성과 같이 유연하면서 불굴의 용기를 뜻한다.

9 　畜之(축지): 기르다.

10 　長: 우두머리. 而: 이면서도. 不宰(부재): 다스리지 않는다.

11장

三十輻共一轂(삼십복공일곡)

USING WHAT IS NOT

三十輻共一轂(삼십복공일곡)**1**

삽십 개의 살이 한 바퀴통에 꽂혀 있어 차축이 돌아가면서 수레가 옮겨지는데,

Thirty spokes of the wheel may set up in a reciprocal bondage fastened by one universal inner wheel,

當其無有(당기무유)**2** 車之用(차지용)

당연히 빈 공간이 있어, 수레가 유용하게 쓰이게 되는데,

As it should be natural, the center axle of the wheel should be hollow, so as to makes the wheel useful.

挺埴以爲器(정식이위기)**3** 當其無有(당기무유) 器之用(기지용)

찰흙을 빚어서 그릇을 만들지만, 당연히 그 가운데는 비우게 해야 그릇의 쓸모가 있게 된다.

Clay is shaped to form a cup, what is empty makes the cup useful.

鑿戶牖以爲室(착호유이위실)[4] 當其無有(당기무유) 室之用(실지용)

문과 들창을 뚫어서 방을 만드는데, 당연히 빈 공간이 있어서 방의 쓸모가 있게 된다.

Doors and windows are cut form a room, what is not there makes the room useful.

故有之以爲利(고유지이위이) 無之以爲用(무지이위용)

그래서 있는 것이 이로운 것은, 없는 것이 유용하게 쓰이기 때문이다.

Therefore, purpose comes from what is there, because of what is not there.

11장에서는 만물을 있게 한 空의 필요성을 강조하고 있다. 1967년 구소련의 물리학자인 안드레이 사하로프는 우주는 초기에 빅뱅 이전의 false vacuum(空 low energy 상태)에서 빅뱅이 발생한 순간 물질과 반물질의 미세한 대칭성 파괴(CP Symmetry)로 인해서 만들어졌다고 했다. 즉, 빔은 모든 존재가 있기 위한 필요조건인 것이다. 『도덕경』 1장에서는 이미 道에 의해서 우주가 생겨났다고 했다. 11장은 모든 만물은 空에서 나왔으며, 빔이 있어야 만물이 만들어진다는 평범한 진리를 말하고 있다.

---

1   輻(복): 달구지 바퀴살. 轂(곡): 바퀴살을 지탱하고 있는 축.

2   無有(무유): 無는 없음을 뜻하고 有는 쓰임새를 뜻한다.

3   挺(정): 빚다, 이기다. 埴(식): 찰흙.

4   鑿(착): 뚫다. 戶(호): 문. 牖(유): 들창. 以: ~이다. 爲: 만들다.

五色永人目盲(오색영인목맹)

CONTROLLING THE OUR FIVE SENSES

五色永人目盲(오색영인목맹)¹

다섯 가지 색은 눈을 멀게 하고,

The five colors will blind one's eye,

五音令人耳聾(오음영인이농)

다섯 가지 음을 내는 소리는 귀를 멀게 하며,

The five tones will deafen one's ear,

五味令人口爽(오미영인구상)²

다섯 가지 맛은 인간의 입맛을 변하게 하고,

The five flavors will jade one's taste,

馳騁畋獵(치빙전엽)³ 令人心發狂(영인심발광)

말을 타고 달리며 사냥하는 것은 발광을 하게 하고,

Racing and hunting will derange one's mind.

難得之貨令人行妨(난득지화영인행방)⁴

재화를 얻기 힘들게 하면 사람들이 꺼리는 행동을 하게 한다.

Goods that are hard to come by will obstruct one's way.

是以聖人委腹不爲目(시이성인위복불위목)⁵

그래서 성인은 헤아려서 하지 눈에 보이는 대로 행동하지 않는다.

Therefore, evolved persons regard the center and care little for the eyes.

故去彼取此(고거피취차)

그리하여 하지 말아야 하는 일은 버리고, 옳은 일만 택한다.

Hence, they discard the wrong one and receive the right one.

12장에서는 인간이 지나치게 오감(五感)에 빠지지 말라고 당부하면서 오히려 腹(복: 헤아려서 하다)을 강조하고 있는데 너무 시각·촉각적인 것에 의존하지 말고 道를 내면화하라고 한다. 영어의 gut feeling(an intuitive feeling)이란 말이 여기에 딱 맞는 말이라고 할 수 있다.

1 令(영): ~하게 한다.

2 爽(상): 傷(상)과 같은 의미인데, 미각을 마비시키다의 뜻.

3 馳騁(치빙): 달릴 치, 달릴 빙. 田獵(전엽): 사냥한다는 뜻.

4 妨(방): 꺼리는 행동.

5 腹(복): 여기서는 '배'의 뜻이 아니라 '헤아려서 하다'의 뜻이다.

寵辱若驚(총욕약경)

EXTANDING IDENTIFICATION

寵辱若驚(총욕약경) **貴大患若身**(귀대환약신)[1]

총애를 받거나 굴욕을 당하는 것은 모두 두려워해야 하며, 총욕이
라는 대환(大患)을 마치 내 몸을 소중하게 여기는 것과 같이 하라.

There is alarm in both favor and disgrace, esteem and fear are
identified with the self.

何謂寵辱若驚(하위총욕약경)[2]

총애를 받거나 굴욕을 당하는 걸 모두 두려워해야 한다는 게 무
슨 뜻인가?

What is the meaning of "alarm in both favor and disgrace?"

寵爲上(총위상)[3] **辱爲下**(욕위하)[4]

총애를 받는 것은 부러움을 사기도 하지만, 또한 시기도 해서,

Favor ascends, disgrace descends at times.

得之若驚(득지약경)[5] 失之若驚(실지약경)

얻어도 두렵고, 잃어도 또한 두려운 것이다.

To attain them brings alarm, to lose them brings alarm as well.

是爲寵辱若驚(시위총욕약경)

그래서 총애나 굴욕은 똑같이 두려워하라는 것이다.

That is the meaning of alarm in both favor and disgrace.

何謂貴大患若身(하위귀대환약신)

심한 환란을 왜 자신의 몸과 같이 여기란 말인가?

What is the meaning of esteem and fear are identified with self?

吾所以有大患者(오소이유대환자) 爲吾有身(위오유신)

누군가 큰 환란을 겪고 있는 까닭은, 내가 몸을 有라고 보기 때문이다.

The reason for our fear, is the presence of our self.

及吾無身(급오무신)[6] 吾有何患(오유하환)

만일 나라는 생각이 없으면, 내가 걱정할 일이 어디에 있겠는가?

When we are selfless, what is there to fear?

故貴以身爲天下(고귀이신위천하) 若可寄天下(약가기천하)[7]

그래서 몸을 귀하게 여기기를 천하같이 하면, 그에게 천하를 맡길 만하고,

Therefore, those who esteem the world as self, will be committed to the world.

愛以身爲天下(애이신위천하)[8] 若可託天下(약가탁천하)[9]

그러므로 천하를 마치 자기 몸을 아끼는 것처럼 여기는 사람은 천하를 맡길 만하다.

Therefore, those who esteem the world as self, will be entrusted with the world.

이 장은 불교와 도교의 가르침인 空과 無에 관련해서 지도자들에게 몸과 마음이 하나가 되는 무아(無我)와 무사(無私)를 중요한 덕목으로 삼을 것을 강조하며, 이러한 지도자에게 나라를 맡길 수 있다고 강조한다.

1　貴大患(귀대환): 寵辱(총욕)을 대환으로 보고 이것을 중요시하는 것.

2　何: 무슨 까닭으로. 謂: 그렇게 말하다.

3　寵(총): 총애. 爲: ~하다. 上: 부러워하다.

4　辱(욕): 굴욕. 爲: ~하다. 下: 질투하다.

5　得: 얻어도. 之: ~이다.

6　及吾無身(급오무신): 及은 만약, 吾無身은 자기 몸을 無로 생각하고 집착하는 것에서 벗어나는 것.

7　若: 따라서. 寄: 맡기다.

8　以: 하듯이. 身: 나의 몸. 天下: 백성.

9　若(약): 따라서. 託(탁): 맡기다.

視之不見(시지불견)
THE ESSENCE OF TAO

視之不見(시지불견)¹ 名曰夷(명왈이)²

보아도 보이지 않는 것을, 이름하여 夷(이)라고 하고,

Looked at but not seen, its name is formless.

聽之不聞(청지불문) 名曰希(명왈희)³

들어도 들리지 않는 것을, 이름하여 希(희)라고 하고,

Listened to but not heard: its name is soundless.

搏之不得(박지부득)⁴ 名曰微(명왈미)⁵

잡아도 잡히지 않는 것을, 이름하여 微(미)라고 한다.

Reached for but not obtained: Its name is intangible.

此三者(차삼자) 不可致詰(불가치힐)⁶ 故混而爲一(고혼이위일)

위 셋은, 캐물어서 알아낼 수 없다. 왜냐하면 섞여서 하나가 되

기 때문이다.

Those three cannot be analyzed, so they mingle and act as one.

其上不皦(기상불교)[7] 其下不昧(기하불매)

도의 위는 밝지 않고, 도의 아래는 어둡지 않다.

The rising is not bright, its setting is not dark.

繩繩不可名(승승불가명) 腹歸於無物(복귀어무물)

실이 끊어지지 않고 계속되는 것처럼, 아무것도 없이 돌아가 버린다.

Endlessly, the nameless goes on,

是謂無狀之狀(시위무상지상)[8]

이러한 것을 형상 없는 형상이라고 한다.

That is why it is called the form of the formless.

無物之象(무물지상) 是謂恍惚(시위황홀)

물체가 없는 형상을 일러 황홀하다고 한다.

The image of nothingness, that's why it is called elusive.

迎之不見其首(영지불견기수)⁹ 隨之不見其後(수지불견지후)

생각해 추측해 보려 해도 그 시작을 알 수 없고, 따라가 보아도 그다음을 알 수 없다.

Confronted, its beginning is not seen, followed, its end is not seen.

執古之道(집고지도)¹⁰ 以御今之有(이어금지유)

옛날에 일어났던 일들을 참고해서, 지금의 일들(有)을 주재하는데,

Hold on to the ancient Tao, control the current reality,

能知古始(능지고시)¹¹ 是謂道紀(시위도기)

진실로 만물의 시초를 아는데, 이것을 道紀(도의 첫머리)라고 한다.

Be aware of the ancient origins, this is called the essence of Tao.

14장은 道의 속성인 무성(無聲), 무색(無色), 무형(無形)을 강조하고 있다.

1 視之(시지): 여기서 지는 道를 가리킨다.

2 夷(이): 숨어 있다.

3 希(희): 희안하다, 신비하다, 소리가 없다.

4 搏(박): 만지다.

5 微(미): 마치 원자와 같이 작아서 잡히지 않는 것.

6 致詰(치힐): 치(致)는 끝까지 가는 것, 힐(詰)은 따져 묻다.

7 其上不曒(기상불교): 其(기)는 道를 나타냄, 曒(교)는 밝다는 뜻.

8 無象之象(무상지상): 형태가 있기는 한데 인간의 오감으로 포착되지 않는다는 뜻.

9 迎(영): 예측하다. 首(수): 시작.

10 執(집): 간직하다. 古之道(고지도): 예부터 이어져 온 방법.

11 古始(고시): 만물의 시초.

15장

古之善爲道者(고지선위도자)
THE POWER IN SUBTLE FORCE

古之善爲道者(고지선위도자)[1] 微妙玄通(미묘현통)[2]

예부터 참으로 훌륭한 선비는, 아주 미묘하고 신통해서

Those skillful in the ancient Tao are subtly ingenious and profoundly intuitive,

深不可識(심불가식)

그 깊이를 알 수 없다.

They are so deep they cannot be recognized.

夫唯不可識(부유불가식)

도대체 알 수 없으니

Since, indeed, they cannot be recognized,

故强爲之容(고강위지용)[3] 豫兮(예혜)[4] 若冬涉川(약동섭천)[5]

억지로 그 형상을 짐작해 보면, 주저하며 겨울에 개울을 건너는

것 같고,

If characterized awkwardly of its form, so careful as if wading a stream in winter.

猶兮(유혜)[6] 若畏四隣(약외사린)[7] 嚴兮(엄혜)[8] 其若客(기약객)[9]

주저하며, 사방에 포위되어 두려워하는 것과 같고, 신중하여, 손님이 된 것과 같다.

So hesitant as if respecting all sides in the community, so reserved as if acting a guest.

煥兮(환혜)[10] 若氷之將釋(약빙지장석)[11] 敦兮(돈혜)[12] 其若樸(기약박)[13]

흩어지는 듯한데, 녹으려는 얼음 같고, 꾸밈없어, 순박함에 의지할 수 있고,

So yielding as if ice about to melt. So candid as if acting with simplicity.

曠兮(광혜) 其若谷(기약곡) 混兮(혼혜)[14] 其若濁(기약탁)

마음이 넓어서, 마치 모든 물이 계곡으로 모이듯이, 함께 섞여서, 탁한 물 같다.

So open as if acting as a valley, so integrated as if acting as muddy water.

孰能濁以靜之徐淸(숙능탁이정지서청)¹⁵

누가 감히 혼탁한 것을 진정시켜서 서서히 맑게 할 수 있을 것인가?

Who can harmonize with muddy water, and gradually arrive at clarity?

孰能安以久動之徐生(숙능안이구동지서생)¹⁶

누가 감히 오랫동안 안정된 상황을 정지하고 마음을 움직여 서서히 생각하게 할까?

Who can move with stability, and gradually bring endurance to life?

保此道者(보차도자)¹⁷ 不欲盈(불욕영)

이러한 도를 터득해서 가진 사람은, 가득 차기를 원치 않는다.

Those who maintain the Tao do not desire to become full.

夫唯不盈(부유불영) 故能敝以新成(고능폐이신성)¹⁸

대저 차지 않음으로, 진실로 닳아 해져서 새로워진다.

Indeed, since they are not full, they can be used up and also renewed.

15장에서는 道를 체득한 성인의 모습을 설명하고 있다.

---

1   善: 훌륭한. 道者: 선비.

2   玄通: 신통함.

3   强: 억지로. 之容: 그 형태, 모양.

4   豫(예): 머뭇거리다.

5   若(약): 처럼. 冬: 겨울. 涉(섭): 건너다. 川: 개울.

6   猶(유): 살피다. 兮: 어조사.

7   若畏(약외): 마치 경계하며.

8   儼兮(엄혜): 신중하게.

9   其: 그. 若客(약객): 마치 손님같이.

10   渙兮(환혜): 흐트러지도다.

11   將(장): 행해지다. 釋(석): 풀어지다.

12   敦兮(돈혜): 돈독하다.

13   其: 그. 若: 마치 ~같다. 樸: 순박함에 의지해서.

14   混兮(혼혜): 섞여서.

15 孰(숙): 어떻게. 濁(탁): 탁해져 있는 것을. 徐: 서서히.

16 久(구): 막다. 徐: 서서히. 安以(안이): 편안하게 하면. 生: 생각하게 하다.

17 保: 보존하다. 此: 이러한. 道者: 도를 터득한 자.

18 故: 그래서. 能: 능히. 敝以(폐이): 닳아 해져. 新成(신성): 새로워진다.

16장

致虛極 守靜篤(치허극 수정독)
KNOWING THE ABSOLUTE,
MAINTAIN THE DEEPEST TRANQUILITY

致虛極(치허극)[1] 守靜篤(수정독)[2]

마음을 끝간 데 없이 비우고, 고요한 마음을 두텁게 하면,

Attain to the extreme end of emptiness, maintain the deepest
tranquility,

萬物竝作(만물병작)[3] 吾以觀復 (오이관복)[4]

만물이 함께 일어나는데, 나는 그것이 곧 도에 복귀함이라고
본다.

All kinds of things should be joined together and produced as
it goes steady, I know it is a returning to the state of original
mind.

夫物藝藝(부물예예)[5] 各復歸其根(각복귀기근)[6]

대저 만물은 무성하게 되지만, 각기 그 근원으로 돌아간다.

Indeed, all things should grow richly, each of the root should be destined to return the Absolute.

歸根曰靜(귀근왈정)[7]

근원으로 돌아가는 것을 靜이라고 하고,

Returning to the Absolute is called the tranquility state of mind,

是謂復命(시위복명)[8]

이 靜이란 것은 하늘이 만물에게 준 천명으로 돌아감을 뜻하는데,

That is to say returning to the essential nature given by Heaven,

復命曰常(복명왈상)[9]

천명으로 돌아감이란 곧 본질로 돌아감을 말함이다.

Returning to the Absolute means all things should be the phenomenal things for a while in consistent state.

知常曰明(지상왈명)[10] 不知常(부지상) 妄作凶(망작흉)

도에 본질을 알면 明이라고 하고, 본질을 모르면, 망령되어 화를 자초한다.

To know the Absolute is called insight, to not know the

absolute is to recklessly become a part of misfortune.

知常容(지상용)[11] 容乃公(용내공)[12]

常을 알면 관용하고, 관용을 알면 공평해진다.

To know the absolute is to be tolerant, and what is tolerant becomes impartial;

公乃王(공내왕)[13] 王乃天(왕내천)[14]

공평함은 제일 중요한 진리인데, 제일 중요한 것은 진리인데,

What is impartial becomes powerful, what is powerful becomes natural,

天乃道(천내도) 道乃久(도내구)

진리는 도다, 도는 곧 영원한 것이다.

What is naturally becomes Tao, what has Tao becomes everlasting,

沒身不殆(몰신불태)

(그리고 그 도를 터득한 사람은) 몸이 다할 때까지 위태롭지 않다.

Those who follow the Tao free from harm throughout life.

16장은 무위의 道를 체득하는 구체적인 지혜를 말해 주고 있으며, 道의 영원성을 설파하고 있다.

---

1   致: 도달하다. 虛: 탐심이 없는 텅 빈 마음.

2   靜篤(정독): 고요한 마음을 깊게 하다.

3   竝作: 함께 일어나다.

4   吾: 吾는 노자. 以: 그것, 즉 虛(마음을 비우고) 靜(고요함)을 지키는 것. 觀: 본다. 復: 본래의 모습을 돌아가는 것.

5   夫: 대저. 物: 만물. 藝(예): 번성하다, 무성하다는 뜻으로, 예는 芸(운)으로도 쓸 수 있다.

6   根: 근본.

7   靜: 고요한 마음.

8   命: 하늘이 준 천명.

9   常: 상이란 '늘 그러한'의 뜻으로 영원불멸을 의미한다.

10   明: 마치 깨달은 사람이 느끼는 밝은 마음으로 동심과 같은 상태.

11   容: 관용.

12   公: 공평한 것.

13   王: 제일 중요한 것.

14   天: 진리.

17장

太上下知有之(태상하지유지)
THE POLITICS OF TRUST

太上下知有之(태상하지유지)[1]

백성을 다스리는 최고의 지도자는 백성들이 지도자가 있다는 사실만을 알고,

Superior leaders are those whose existence is merely known,

其次(기차) 親而譽之(친이예지)[2]

그다음으로 좋은 지도자는 백성을 가까이하면서 그들의 뜻을 받아들이고,

he next best is the one who guides people according to by full affection, and honor people's desires.

其次(기차) 畏之(외지)[3]

그다음 수준은 백성을 두려워하고,

The next one is who afraid of the people,

其次(기차) 侮之(모지)[4]

제일 밑 수준은 백성을 속인다.

The lowest is the one who cheat peoples.

信不足焉(신부족언)[5] 有不信焉(유불신언)

불신을 얻어 지도자를 못 믿게 되니, 어찌 백성들의 불신을 얻지 않겠는가?

Those who lack belief, will not in turn be trusted.

悠兮(유혜)[6] 其貴言(기귀언)[7]

생각이 깊은 지도자는, 그 말을 귀하게 생각해서,

With the best of leaders, is mindful of its essence,

功成事遂(공성사수)[8] 百性皆謂(백성개위) 我自然(아자연)[9]

백성을 돌보는 일을 정성껏 수행해 나가면, 온 백성들이 모두 말하기를, 우리 스스로 해냈다고 한다.

And the work is done, the goal achieved, the people say, "We did it naturally."

17장은 지도자가 어떻게 백성들로부터 신임을 받고 성정을 베풀 수 있는지를 가르치고 있다.

---

1   太: 최고. 上: 지도자. 下: 백성. 之: 그 지도자.

2   親: 가까이 지내다. 而: 어조사. 譽(예): 받아들이다.

3   畏(외): 두려워하다.

4   侮(모): 속이다.

5   信: 위정자의 믿음. 焉(언): ~하니.

6   悠(유): 깊이 생각하다.

7   貴: 귀중한.

8   功(공): 백성을 돌보는 일. 事: 일. 遂(수): 수행하다.

9   我: 우리. 自然: 스스로 해내다.

18장

大道廢有仁義(대도폐유인의)
LOSING THE INSTINCTS

大道廢(대도폐)[1] 有仁義(유인의)

큰 도가 없어질 지경이 되면, 인의(仁義)가 생겨나고,

When the great Tao is forgotten, philanthropy and morality appear.

智慧出(지혜출) 有大僞(유대위)[2]

지혜가 나오니, 추한 거짓이 나오게 된다.

When intelligent strategies are produced, great hypocrisies emerge.

六親不和(육친불화)[3] 有孝慈(유효자)

가족끼리 화목하지 못하면, 효도와 자애를 찾게 되고,

When the family has no harmony, piety and devotion appear.

國家昏亂(국가혼란) 有忠臣(유충신)

나라가 혼란해지면, 충신을 찾게 된다.

The nation is in chaos, royal patriot emerges.

18장에서 노자는 그 당시 만연했던 남녀 간의 성질서 문란과 정치적 부패로 인해 벌어지는 윤리적 해이(解弛) 현상을 강력한 그 규범으로 바로잡으려고 했던 지도자의 인위적인 작용을 비판하고 있다. 모든 만사는 지나치게 억누르면 늘 거기에 대응하는 반작용이 따른다는 인간 세상의 이치를 말하면서 물 흐르듯이 자연스러운 흐름에 맡기라는 뜻으로 장자의 시위현동(是謂玄同: 말도 아는 것도 잊은 경지에서 道와 합일을 주장하는 것) 사상을 대변하는 것이다.

---

1 大道: 위대한 무위 자연의 원리. 廢(폐): 버리다, 없어지다.

2 有: 생겨나다, 찾다. 大僞(대위): 거짓, 인위와 같은 뜻.

3 六親: 가족을 뜻한다.

19장

絕聖棄智(절성기지)
RETURNING TO SIMPLICITY

絕聖棄智(절성기지)**¹ 民利百倍**(민리백배)

임금이 지나친 기지를 쓰지 않으면, 백성을 백배 더 이롭게 하고,

If a leader discards the sacred, abandon strategies, it should be advantageous to people a hundredfold.

絕仁棄義(절인기의)**² 民復孝子**(민복효자)**³**

仁과 같은 말이 없어지고 정의와 같은 말이 사라져야만, 백성들이 섬기고자 하는 마음이 되살아나는 것이다.

If the virtue of intelligence wisdom and the virtue of justice are abolished, people should return to natural love.

絕巧棄利(절교기리)**⁴ 盜賊無有**(도적무유)**⁵**

위정자가 기교를 부려서 이익을 취하지 않으면, 도둑이 남의 것을 훔쳐 가려고 하지 않는다.

If the clever skill and false tricks are abandoned, then

the thieves will exist no longer.

此三者(차삼자) 以爲文不足(이위문부족)⁶

위에 말한 세 가지만으로는, 부족한 것 같아서,

However, if these three passages are inadequate,

故令有所屬(고령유소속)⁷

그러므로 계속해서 실행할 것을 당부하는 바는

Adhere to these principles:

見素抱樸(견소포박)⁸ 少私寡欲(소사과욕)⁹

소박한 마음과 원래 인간의 순수함을 지키려고 생각하고, 스스로를 낮추고 욕심을 최소한으로 줄이는 것이다.

Perceive purity and embrace simplicity; condescend yourself and limit desires.

19장에서 노자는 한 국가에서 지혜와 仁義 그리고 기교를 말한다는 것은 벌써 그 사회가 부패했다는 증거라고 말한다. 素(소)와 樸(박)을 대조해서 강조했는데, 두 낱말은 『도덕경』의 핵심 단어이다. 素는 아무것도 섞이지 않은 인간의 순수한 마음인 정신적인 측면이라면, 樸은 가공된 인간의 문명을 말하는 것으로 물질적인 면을 통칭하는 용어인 것이다.

---

1   絕(절): 뛰어난. 聖: 성인이나 지도자. 棄(기): 버리다, 삼가다.

2   絕: 없어지다. 棄: 사라지다.

3   孝: 섬기다.

4   絕: 하지 않다. 巧棄(교기): 교묘한 잔재주나 기교.

5   無: 하지 않는다. 有: 취하다.

6   爲文: 문장의 표현.

7   故: 그래서. 令有: 지켜야 할 것. 所: 하는. 屬: 계속해서.

8   見: 생각하다. 素: 순수한 마음. 抱(포): 마음속에 품다. 樸(질): 질박한 마음.

9   少: 낮추다. 私: 나 자신. 寡(과): 최소한으로 하다.

20장

絕學無憂(절학무우)
DEVELOPING INDEPENDENT MIND

絕學無憂(절학무우)[1] **唯之與阿**(유지여아)[2]

학문을 끊어 버리면 걱정이 없어질 것인데, 그냥 공손히 예라고 대답하는 것과 건성으로 예라고 대답하는 것이,

Discard the academic then there is no anxiety, between respectful agreement and casual yes,

相去幾何(상거기하)[3]

그 차이가 얼마나 될까?

How much difference is there?

善之與惡(선지여악)[4] **相去何若**(상거하약)[5]

좋은 것과 나쁜 것, 그 차이는 얼마나 될까?

Between good and evil, how much difference is there?

人之所畏(인지소외)[6] **不可不畏**(불가불외)[7]

사람들이 두려워하는 감정을, 나 또한 두려워하지 않을 수 없도다.

With human beings should inherently have the virtue of awe, I am as well inevitably feel the virtue of awe.

荒兮(황혜)[8] 其未央哉(기미앙재)[9]

그 경외롭다는 감정은 황막해서, 그 끝이 없으니 메마르지 않는구나.

The feeling of awe is expansive and flourishing, no end is in sight.

衆人熙熙(중인희희)[10] 如享太牢(여향태뢰)[11] 如登春臺(여등춘대)

대다수 사람들의 마음은 그저 기뻐하고, 큰 소를 잡아 대접받는 것 같고, 또 봄날에 누각에 올라가서 굽어보는 것 같다.

Most people's mind is delightful and joyous, as if receiving a great sacrifice with a big cow, as if ascending a living observatory.

我獨泊兮(아독박혜)[12] 其未兆(기미조)[13] 如嬰兒之未孩(여영아지미해)[14]

나 홀로 고요한 상태로 있구나, 움직일 기미가 보이지 않고, 마치 아직 웃음을 짓지 못하는 영아와 같이.

I alone seem to be overlooked, with no sign of committing myself, like an infant who has not yet smiled.

纍纍兮(뢰뢰혜)[15] 若無所歸(약무소귀)

얽매어 괴로워하는구나, 마치 돌아갈 곳이 없는 것처럼.

As I were alone confined and restrained from action, so there is no shelter to which I should return.

衆人皆有餘(중인개유여)[16] 而我獨若遺(이아독약유)[17]

다른 사람들은 다 돌아갈 곳이 있는데, 유독 나만 홀로 남아 있구나.

Even though all the people have their own shelters to return, obviously I should stand alone without suitable shelter.

我愚人之心也哉(아우인지심야재)[18] 沌沌兮(돈돈혜)[19]

이것이 어리석은 사람의 생각인가, 혼돈스러워 갈피를 못 잡겠구나.

I alone might be in the ignorant person's mind, what a chaotic it is.

俗人昭昭(속인소소) 我獨昏昏(아독혼혼)[20]

보통 사람들은 밝고 현명한데, 나만 유독 고통과 무지에서 헤매고 있구나.

Ordinary people are bright and obvious, I alone am in a state of suffering and agony.

俗人察察(속인찰찰)[21] 我獨悶悶(아독민민)

보통 사람들은 자세히 살피고 잘 아는데, 나만 홀로 답답해서 걱정하고 있구나.

Ordinary people are exacting and sharp, I alone am subdued and dull.

澹兮(담혜)[22] 其若海(기약해) 飂兮(료혜)[23] 若無止(약무지)

세속의 사람들은 바람에 따라 움직이듯, 마치 바다처럼, 대단한 위세로구나, 그 위세가 멈출 수 없을 것같이.

Ceaseless like a penetrating wind, as if sea, as if I should fly up and descend down, it is no knowing where to stop.

衆人皆有以(중인개유이)[24] 而我獨頑似鄙(이아독완사비)[25]

중인은 다 쓸데가 있는데, 나 홀로만 어리석고 비천한 것 같구나.

While ordinary people are useful, I alone am in ignorant and disgrace.

我獨異於人(아독이어인)²⁶ 而貴食於母(이귀식어모)²⁷

사람들에게 내가 이상하게 보이겠지만, 나는 근본을 지키는 삶을 소중하게 여긴다.

I alone am different from the others, in treasuring nourishment from Mother.

20장은 노자가 일생을 살아온 자신의 인생철학을 서술한 구절이다. 즉, 노자는 어떤 변치 않는 원칙이나 도그마를 철처히 배격하면서 자신이 실제 체험으로부터 얻은 독립된 지성을 시대와 상황에 맞게 적응시키며 절대로 양극단으로 치우치지 않는 균형 잡힌 삶을 살았다고 할 수 있다. 마지막 문장에서 Mother는 인간에게 생명을 불어넣어 주는 대지의 신인 가이아(Gaia), 즉 지구의 영혼이다.

---

1 絶: 끊어 버리다. 憂(우): 걱정.

2 唯(유): 이웃사람에게 공손하게 하는 긍정의 대답. 與: 내포한. 阿: 건

성으로 응하고 대답하는 것.

3 相去: 가려내다, 구별하다.

4 之: 어조사. 與: 내포하고 있는.

5 相去: 그 차이가. 何若: 과연 얼마나 되나.

6 所: 선천적으로 가지고 있는. 畏(외): 두려워하는 감정.

7 畏 (외): 두려워하다(동사).

8 荒(황): 황막함.

9 未: 아니. 央(앙): 고갈되다. 哉: 어조사.

10 熙: 기뻐하다. 熙: 영광되다.

11 享(향): 대접을 받다. 太牢(태뢰): 대단한 요리(소·양·돼지 고기를 섞어 만든 것).

12 泊(박): 움직이지 않고 고요히 있는 모습.

13 兆(조): 징조.

14 孩(해): 어린아이가 웃는 모습.

15 儽儽(뢰뢰): 지치고 지치다.

16 皆(개): 다들. 有餘: 머물 곳이 있다.

17 若遺(약유): 남아 있다.

18 哉: 의문 어조사(~인가).

19 沌沌(돈돈): 어둡고 답답하다. 兮: 어조사.

20 昏昏(혼혼): 고통과 무지.

21 察察: 자세히 살피다, 훤히 알다.

22 澹(담): 대세를 따라 움직이다.

23 飂(료): 바람 소리 료(대단한 기세).

24 皆: 다들. 以: 쓸데가 있는.

25 以: 그러나. 獨: 홀로. 頑(완): 어리석다. 鄙(비): 비루함, 쓸모가 없다.

26 獨: 유독히. 異: 다른. 於仁: 뭇사람들과.

27 而: 그러나. 貴: 귀하게 여기다. 食: 생활 방식. 於: 지키다. 母: 근본 도리.

21장

孔德之容(공덕지용)

KNOWING THE COLLECTIVE ORIGIN

孔德之容(공덕지용)¹ 惟道是從(유도시종)²

훌륭한 덕의 모습은, 오직 도만이 천지자연의 이치를 잘 따르는
것 같다.

As the great virtue of good, conceivably should be retained in
the path of Heaven and Earth,

道之爲物(도지위물)³ 惟恍惟惚(유황유홀)⁴

도라는 존재의 형체는, 오직 어렴풋하여 황홀할 뿐이다.

The Tao cannot be a perceived being, so intangible, so magnificent.

惚兮恍兮(홀혜황혜) 其中有象(기중유상)

황홀하다 황홀하다, 그 중심에 형상들이 들어 있다.

Intangible and magnificent, and its center appears in image.

窈兮(요혜)⁵ 冥兮(명혜)⁶ 其中有精(기중유정)⁷

그윽하고, 보이지 않는데, 그 중심에 정신이 들어 있다.

As its being profound and silent, the vital spirit of all
animated things should exist therein.

其精甚眞(기정심진)[8] 其中有信(기정유신)

그 정신은 너무 진실해서, 그 속에는 진리가 들어 있다.

The life force is very real, and its center appear truth.

自古及今(자고급금) 其名不去(기명불거)[9] 以閱衆甫(이열중
보)[10]

예로부터 지금까지, 그 이름을 빠뜨리지 않고, 낱낱이 조사해서
원래 형상을 알려 주는데,

From ancient times to the present, its name ever remains,
through the experience of the collective origin.

吾何以知(오하이지) 衆甫之狀哉(중보지상재)[11]

어찌 우리가 경험하는 만물의 모든 형상의 태초를 알 수 있겠
느냐?

How could I dare to comprehend the primitive birth stage of
all the phenomenal things?

以此(이차)¹²

이것을 통해서.

Through this Tao.

21장에서 노자는 道란 서양인들이 말하는 하나님이라는 초월적인 존재가 아니라 내 눈앞에 보이는 자연현상의 근본이 곧 道라고 말하고 있다. 보(甫)는 만물의 시작을 뜻하는 시(始)의 뜻이다.

---

1   孔: 훌륭한. 容: 모습.

2   惟: 오로지. 道: 천지자연의 원리.

3   爲: 칭하는. 物: 존재.

4   惟: 오직. 恍(황)과 惚(홀)은 모두 어렴풋하여 황홀하다의 뜻.

5   窈(요): 그윽하다.

6   冥: 어둡다.

7   精: 만물을 생성하게 하는 생명력.

8   甚: 아주. 眞: 진실해서.

9   不去(불거): 빠뜨리지 않고.

10 閱(열): 낱낱이 조사하다. 衆: 많은. 甫(보): 원래의 형상.

11 狀: 형상. 哉: 아느냐?

12 以: 통해서. 此: 이것(道).

22장

曲則全(곡즉전)

FOLLOWING THE INNER HARMONY

曲則全(곡즉전)[1] 枉則直(왕즉직)[2]

삐뚤어진 마음은 곧게 되며, 구부러진 것은 바로잡게 된다.

What is curved becomes whole, what is crooked becomes straight.

窪則盈(와즉영)[3] 敝則新(폐즉신)[4]

웅덩이는 채워지는 법이며, 낡으면 새롭게 바뀌는 법이다.

What is deep becomes filled, what is exhausted becomes refreshed.

少則得(소즉득) 多則惑(다즉혹)

욕심이 적으면 마음의 만족을 얻는 법이고, 너무 많으면 미혹하게 되는 법이다.

What is small should be virtuous instead, what is excessive should be deluded in mind.

是以聖人(시이성인) 抱一爲天下式(포일위천하식)[5]

그러므로 성인은, 근본인 道를 간직하니 천하의 모범이 된다.

Therefore evolved persons hold on to the One(道), regard the world as their pattern.

不自見(불자견) 故明(고명)

스스로 드러내 보이지 않으니, 더 잘나 보이고,

They do not display themselves, therefore they are illuminated.

不自是(불자시)[6] 故彰(고창)[7]

자기 자신을 옳다고 하지 않으니, 더욱 빛을 발한다.

They do not define themselves, therefore they are distinguished.

不子伐(부자벌)[8] 故有功(고유공)

스스로 공을 차지하지 않으니, 더욱 공이 드러난다.

They do not make claims, therefore they are credited.

不自矜(부자긍)[9] 故長(고장)[10]

스스로 잘난 체하지 않으니, 남의 존경을 오래 받는다.

They do not boast, therefore they advance.

夫唯不爭(부유부쟁)¹¹ 故天下莫能與之爭(고천하막능여지쟁)¹²

헤아려 보건대 그저 다투지 않으니, 세상 누구와도 경쟁을 벌일 수가 없다.

Since indeed, they do not compete, the world cannot compete with them.

故之所謂曲則全者(고지소유곡즉전자) 豈虛言哉(기허언재)

옛말에 소위 굽으면 온전해진다고 하는데, 어찌 빈말이겠는가?

That ancient saying; that "what is curved becomes whole"— are these empty words?

誠全而(성전이)¹³ 歸之(귀지)

자신을 진실하게 온전히 유지하는 길은, 자신의 내면에 있는 道로 돌아가는 것이다.

To become whole, turn within where the Tao is.

22장에서는 道의 무자성(無自性)을 거론한 것이다. 한 가지 알아야 할 것은 『도덕경』에서는 道, 德, 善 등은 많은 경우 동의어로 쓰인다는 점이다.

---

1   曲: 구부러지다(curved).

2   枉: 구부러진 것(crooked).

3   窪(와): 웅덩이(puddle).

4   敝(폐): 해질 폐(torn asunder).

5   抱(포): 간직하다. 一(일): 道를 뜻함. 式: 모범.

6   是: 옳다고 주장하는 것.

7   彰: 빛나다.

8   伐(벌): 공을 차지하다.

9   自矜(자긍): 스스로 자랑하는 것

10   故: 고로. 長: 존경받다.

11   夫: 생각해 보건대, 唯: 그저.

12   莫: ~하지 않다, 할 수 없다. 能: 할 수 있다. 與(여): 벌이다. 之: ~이다.

13   誠: 진실하게. 全: 온전히.

23장

希言自然(희언자연)
THE SILENT STATE OF THE NATURE

希言自然(희언자연)[1]

자연이 말이 없는 것은 스스로 그러하기 때문이다.

Nature rarely speaks in silence.

故飄風不終朝(고표풍부종조)[2]

고로 천지를 흔들어 놓는 회오리바람은 한나절을 계속되지 못하고,

Hence the whirlwind does not last a whole morning,

驟雨不終日(취우부종일)[3]

폭우도 온종일 내리지 못한다.

Nor the sudden rainstorm last a whole day.

孰爲此者 (숙위차자)[4] 天地(천지)

누가 이것을 하는가? 천지이다.

What cause this? Heaven and Earth.

天地尚不能久(천지상불능구)[5] 而況於人乎(이황어인호)[6]

천지도 마음대로 질풍이나 폭우를 계속해서 작용하게 할 수 없는데, 하물며 인간인 왕이 어찌 그 위상을 그대로 유지할 수 있는가?

If Heaven and Earth cannot make them long lasting, how much less so can the king?

故從事於道者(고종사어도자)[7] 道者(도자)[8] 同於道(동어도)[9]

그래서 도를 연마한 자는, 생각하는 것이 도에 통하게 하고,

Thus, those who cultivate the Tao, conceive himself through the Tao, leads with the Tao.

從事於德者(종사어덕자) 道者(도자) 同於德(동어덕)

덕을 연마한 자는, 생각하는 것이 덕에 통한다.

Those who cultivate the virtue, conceive himself through the virtue, leads with the virtue.

從事於失者(고종사어실자) 道者(도자) 同於失(동어실)

그러므로 잘못을 좇아 행하는 자는, 생각하는 것이 잘못하는 데 도가 트게 된다.

Those who cultivate the failure, conceive himself through the failure, leads him to the failure.

同於道者(동어도자) 道亦樂得之(도역락득지)[10]

도에 통했다는 것은, 도를 모두 바르게 터득했다는 것이고,

Those who identify with the Tao, are likewise welcomed by the Tao,

同於德者(동오덕자) 德亦樂得之(덕역락득지)

덕에 통했다는 것은, 덕을 모두 바르게 터득했다는 것인데,

Those who identify with the virtue, are likewise welcomed by virtue.

同於失者(동어실자) 失亦樂得之(실역락득지)

잘못하는 데 도가 텄다는 것은, 잘못을 저지르는 데 이력이 났다는 것이다.

Those who identify with failure, are likewise welcomed by failure.

信不足焉(신부족언)[11] 有不信焉(유불신언)[12]

백성이 왕을 신뢰할 수 없게 하면, 백성들로부터 불신을 얻게

된다.

He(king) who is lacking in confidence, should be untrustworthy of loyalty.

장자는 지언거언(至言去言)이라고 했는데 지극히 진실된 말은 들리지 않는다는 뜻으로, 23장 노자의 희언(希言)과 통한다.

---

1   希: 드물다, 조용하다.

2   飄風(표풍): 회오리바람. 不: 못하다. 終: 끝까지 가다. 朝: 아침나절, 반나절.

3   驟雨(취우): 갑자기 쏟아지는 소나기.

4   孰(숙): 누가. 爲: 행하다(『도덕경』에서 有爲는 인위적인 행함을 뜻하고, 無爲는 자연 그대로의 상태를 뜻한다).

5   尙(상): 거의 확신하다. 不能久: 오래 지속할 수 없다.

6   況(황): 하물며. 於: ~에게. 乎: 어찌.

7   여기 쓰인 도는 명사로 쓰인 道를 뜻한다.

8   뒤의 道는 동사로 '생각하다'의 뜻이다.

9   同: 통하다. 於: ~에.

10   亦(역): 전부 다. 樂(락): 잘.

11   焉(언): ~ 하면.

12   有: 얻다. 焉(언): 그래서 ~이다.

24장

企者不入(기자불입)
THE DANGER IN EXCESS

企者不入(기자불입)[1] 跨者不行(과자불행)

발돋움한 자는 오래 서 있을 수 없고, 지나친 것은 실행되지 못한다.

Those who are on tiptoe cannot stand firm, those who boast of achievement will be overwhelmed by negative counterreaction.

自見者不明(자견자불명)[2] 自是者不彰(자시자부창)[3]

스스로를 내보이려 하는 것은 현명한 처사가 아니며, 스스로를 옳다고 하는 것도 현명한 것이 아니다.

Those who display themselves cannot illuminate, those who define themselves cannot be distinguished.

自伐者無功(자벌자무공)[4] 自矜者不長(자긍자부장)[5]

스스로 업적을 내세우려는 자는 공적을 인정받지 못하고, 스스로 자신을 높이려는 자는 존경받지 못한다.

Those who make claims can have no credit, those who boast cannot advance.

其在道也(기재도야)⁶ 曰餘食贅行(왈여식췌행)⁷

위에서 말한 것들은 道에 근거해서 말하는 것이며, 그것들은 소위 남은 음식이나 쓸데없는 행동이나 같은 것이다.

I say these based on the principle of Tao, and these are like excess food and redundant actions.

物或惡之(물혹오지) 故有道者不處(고유도자불처)

하지 말아야 할 일을 하는 것은 추한 짓이며, 그래서 도를 터득한 자는 그렇게 처신하지 않는다.

They are to avoid as they bring corruption contrary to the natural law, thus those who possess the Tao turn away.

24장에서 노자는 『도덕경』의 핵심인 무위(無爲)를 강조하고 있는데, 인위적인 잔재주를 부리지 말 것과 과유불급(過猶不及)을 강조하고 있다.

1 企者: 발돋움한 것과 같이 일을 억지로 꾸미는 것.

2 見: 내보이다. 明: 현명하다.

3 彰(창): 현명한.

4 伐(벌): 스스로 공적을 내세우다.

5 矜(긍): 높이다. 長: 존경받다.

6 其: 위에서 열거한 것들. 在: 근거하다.

7 餘食(여식): 포식해서 먹는 것. 贅(췌): 군더더기(waste).

25장

有物混成(유물혼성)
THE TAO OF GREATNESS

有物混成(유물혼성) 先天地生 (선천지생)[1]

만물이 혼돈된 상태에서 섞여 있었으며, 하늘과 땅이 생기기 이전에 그렇게 존재했다.

There was something in a state of fusion, before Heaven and Earth were born.

寂兮(적혜) 廖兮(료혜)[2] 獨立而不改(독립이불개)[3]

적막하고, 아무것도 없는 것 같구나. 스스로 그렇게 존재하며 절대 변함이 없다.

Silent, empty, independent and unchanging.

周行而不殆(주행이불태)[4] 可以爲天下母(가이위천하모)

널리 돌아다녀도 지치지 않고, 가히 천하를 낳은 어머니라 할 수 있다.

Working everywhere, tirelessly; it can be regarded as Mother of the world.

吾不知其名(오부지기명) 字之曰道(자지왈도)

나는 그 이름을 모르지만, 글자로 道라고 한다.

I do not know its name, the word I say is Tao.

强爲之名(강위지명) ⁵ 曰大(왈대)

억지로 그 이름을 말하자면, 大라고 하겠다.

Forced to give it a name, I say Great.

大曰逝(대왈서)⁶ 逝曰遠(서왈원)⁷ 遠曰反(원왈반)

도는 아주 광대해서 어디든지 돌아다니며, 아주 멀리까지 가서 떨어져 있더라도, 감은 곧 다시 돌아옴을 뜻한다.

Great means continuing, continuing means going far, going far means returning.

故道大(고도대) 天大(천대) 地大(지대) 王赤大(왕역대)⁸

그러므로 道는 참으로 대단한데, 하늘도 땅도 대단하고 또 왕도 역시 대단하다.

Therefore, the Tao is Great, Heaven and Earth are Great and leader is likewise great.

域中有四大(역중유사대)[9] 而王居其一焉(이왕거기일언)[10]

이 세상에는 대단한 것이 넷이 있는데, 왕이 그 넷 중 하나로다.

In the universe there are four Greatness and leader is one of them.

人法地(인법지) 地法天(지법천) 天法道(천법도) 道法自然 (도법자연)[11]

사람은 땅을 본받고, 땅은 하늘을 본받으며, 하늘은 道를 본받고, 도는 자연을 본받는다.

Human are modeled on the Earth, the Earth is modeled on Heaven, Heaven is modeled on the Tao, The Tao is modeled on nature.

25장은 1장의 연장선상에서 만물의 시초인 道에 대해서 구체적인 설명을 가한 것이다.

1 先: 전에. 生: 생기다.

2 廖(료): 텅 빔.

3 不改: 변함이 없다.

4 殆(태): 지치는 것.

5 强: 억지로.

6 逝(서): 아주 멀리 돌아다니다.

7 遠: 멀리 떨어져 있더라도.

8 亦(역): 역시, 또한.

9 域(역): 이 세상.

10 其: 그. 焉(언): 어조사로 '~이로다'의 뜻.

11 法: 본받다.

26장

重爲輕根(중위경근)

THE GRAVITY OF POWER

重爲輕根(중위경근) 靜爲躁君(정위조군)[1]

무거움은 가벼움의 뿌리요, 고요한 것은 조급한 것의 머리가
된다.

Gravity is the foundation of levity: Stillness is the master of
agitation.

是以聖人終日行(시이성인종일행)[2] 不離輜重(불리치중)[3]

그러므로 성인은 하루 종일 가도, 자신의 막중한 책임을 저버리
지 않는다.

Thus, evolved leaders can travel the whole day, without
leaving behind their baggage.

誰有榮觀(수유영관)[4] 燕處超然(연처초연)[5]

호화로운 경치가 있어도 마다하고, 편안하게 사는 데 초연한다.

However, arresting the view is, they remain calm and unattached.

奈何萬乘之主(내하만승지주)⁶ 而以身輕天下(이이신경천하)⁷

1만 대의 전차를 소유한 天子가, 자기 몸을 가볍게 하면 어찌 되겠는가?

How can leaders with ten thousand chariots, have a light-hearted position in the world.

輕則失根(경즉실근) 躁則失君(조즉실군)

경솔하면 근본을 잃는 법이고, 성급하면 임금의 자리를 잃는다.

If they are light-hearted, they lose their foundation, if they are hasty, they lose their throne.

여기서 1만 대의 전차를 소유한 군자란 막중한 임무를 짊어진 군주를 뜻한다. 26장은 백성을 위한 군자의 엄중한 책무를 경고하는 대목이다.

1 　躁(조): 성급한, 조급한. 君: 임금.

2 　是以: 그러므로.

3 　離(이): 버리다. 輜(짐수레 치): 책임.

4 　誰(수): 비록.

5 　燕(연): 편안하게. 處: 살다.

6 　奈何(내하): 어찌할꼬.

7 　身: 맡은 일. 輕: 가볍게 여김. 天下: 이 세상.

27장

善行無轍迹(선행무철적)

SELECTING THE RIGHT MODE OF COMMUNICATION

善行無轍迹(선행무철적)[1] 善言無瑕謫(선언무하적)[2]

좋은 행실은 흔적을 남기지 않으며, 선한 말은 흠을 남기지 않고,

A good path has no ruts, a good speech has no flaws,

善數不用籌策(선수불용주책)[3]

운수가 좋다고 해도 어떤 술책을 쓰지 않는다.

A good analysis uses no schemes.

善閉無關楗(선폐무관건)[4] 而不可開(이불가개)

빗장과 열쇠가 없어도 잘 잠그면, 열 수가 없고,

A good lock has no bar or bolt, and yet it cannot be opened.

善結無繩約(선결무승약)[5] 而不可解(이불가해)[6]

노끈을 쓰지 않고 묶어도, 전혀 허술하지 않아서 풀 수가 없다.

A good knot does not restrain, and yet it cannot be unfastened.

是以聖人(시이성인) 常善救人(상선구인)[7] 故無棄人(고무기인)[8]

그래서 성인은, 늘 잘 도와주어서, 고로 그들을 잃지 않고,

Thus, evolved persons are always good at saving others, hence no one is wasted.

常善救物(상선구물)[9] 故無棄物(고무기물)

항상 일을 잘 도와주어서, 만사가 방치되지 않는다.

They are always good at saving things; hence nothing is wasted.

是謂襲明(시이습명)[10]

이런 것을 예부터 밝음을 잇는다고 한다.

This is called the intelligence as bright and brilliant.

故善人者(고선인자) 不善人之師(불선인지사)

그래서 훌륭한 사람이란, 훌륭하지 못한 사람의 스승이고,

Therefore, a good person is the teacher of an inferior person,

不善人者(불선인자) 善人之資(선인지자)

훌륭하지 못한 사람은, 훌륭한 사람의 거울이다.

And an inferior person, is the resource of a good person.

不貴其師(불귀기사) 不愛其資(불애기자) 誰智大迷(수지
대미)

그런 스승을 귀하게 여기지 않고, 그 거울을 아끼지 않으면, 지
혜롭게 보여도 크게 현혹된 것이니,

One who does not treasure a teacher, or does not cherish a
resource, although intelligent, is greatly deluded.

是謂要妙(시위요묘)

이러한 것을 소위 현묘한 이치라고 한다.

This is called significant subtlety.

27장에서 노자는 선과 악이라는 개념을 두 가지의 독립된 실체
로 보지 않고 하나의 본질이 마음먹기에 따라서 바뀌는 동전의 양
면과 같은 연속된 상보의 상태임을 강조하고 있다.

1 　轍(철): 바퀴 자국. 迹(적): 흔적.

2 　瑕(하): 흠. 謫(적): 운기, 즉 후유증.

3 　善數: 좋은 운수. 籌㈜: 계략. 策(책): 술책.

4 　善閉(선폐): 문을 잘 잠그는 것. 關楗(관건): 빗장과 열쇠.

5 　善結(선결): 잘 묶다. 繩約(승약): 밧줄.

6 　解: 풀다.

7 　救人(구인): 도와주다.

8 　無: 하는 일이 없다. 棄(기): 잃다.

9 　常: 항상. 善: 도와주다.

10　是: ~에. 謂(위): 이르다. 襲(습): 이어져 내려오는. 明: 밝은 지혜.

28장

知其雄 守其雌 爲天下谿(지기웅 수기자 위천하계)
UNITING THE FORCE

知其雄(지기웅)**1** 守其雌(수기자)**2** 爲天下谿(위천하계)**3**

남성적인 강인함을 잘 알면서, 여성의 유연성을 잘 지키면, 흐르는 계곡과 같이 천하가 본받게 된다.

Know the male, hold to the female nature, become the world's stream.

爲天下谿(위천하계) 常德不離(상덕불이)**4** 復歸於嬰兒(복귀어영아)**5**

천하의 계곡처럼 되면, 덕행이 몸에서 떠나지 않게 되어, 마치 태초의 어린아이와 같이 순박하게 된다.

By being the world's stream, the virtuous deed will never leave, this is returning to infancy.

知其白(지기백)**6** 守其黑(수기흑)**7** 爲天下式(위천하식)**8**

자신이 명백히 밝게 알면서, 어두운 것이 무엇인지를 알고 지키

면, 천하가 이를 본받게 되고,

Know the essential nature of white like the sun, and grasp the essential nature of the pure black, becoming the world pattern.

爲天下式(위천하식) 常德不忒(상덕불특)⁹ 復歸於無極(복귀어무극)

천하가 본받게 되면, 덕이 늘 떠나지 않게 되어서, 세상은 무극의 상태로 되돌아간다.

By becoming the world's pattern, the virtuous nature never leaves, this is returning to Limitlessness.

知其榮(지기영)¹⁰ 守其辱(수기욕) 爲天下谷(위천하곡)

영달의 경지가 어떤 것인지를 알고, 모욕을 참을 줄 알면, 흐르는 계곡과 같이 천하의 골짜기가 된다.

Know the glory, hold to the patience, become the world's valley.

爲天下谷(위천하곡) 常德乃足(상덕내족) 復歸於樸(복귀어박)¹¹

흐르는 계곡과 같이 천하의 골짜기가 되면, 덕이 넘치게 되어서, 주인으로 삼으려는 천성으로 회답한다.

By becoming the world's valley, the virtuous deed will be sufficient for the people, reward to serve their leaders with natural purity.

樸散則爲器(박산즉위기)[12]

어른으로 맞으려는 순박한 마음이 퍼지면 기구가 만들어지는 법이고,

By spreading purity to serve their leaders, its organization should be formed naturally,

聖人用之(성인용지) 則爲官長(즉위관장)

성인이 기용되어서, 곧 기구의 의장이 된다.

The evolved persons who employ them, are made into leaders.

故大制不割(고대제불할)[13]

그렇게 훌륭하게 이루어진 나라는 흐트러지지 않는다.

In this way the great system is united.

28장은 道와 德을 겸비한 지도자의 덕목을 마치 수많은 물줄기

가 깊은 계곡으로 합류해서 흐르는 것과 비교하면서 무위자연의 덕목을 겸비한 지도자의 주위에는 능력 있는 인재들이 자연스럽게 모여서 정의로운 제도와 나라가 만들어진다는 진리를 가르치고 있다.

---

1 雄(웅): 남성.

2 雌(자): 여성.

3 爲: 하게 하다. 谿(계): 깊은 골짜기를 뜻하는데 道를 은유적으로 표현한 것.

4 常德: 영원불멸의 덕. 不離: 떠나지 않는다.

5 嬰兒(영아): 마치 갓 태어난 아이와 같다는 은유.

6 白: 명료하게, 밝게.

7 黑: 명료하지 않은 것, 즉 확실치 않은 것.

8 式: 제도, 법률 등.

9 常: 여기서 상은 '늘'의 뜻. 不忒(불특): 어긋나지 않는다.

10 榮: 세상의 영화로움.

11 復(복): 대답하다. 歸: 보답하다.

12 樸(박): 순박한 마음. 散(산): 퍼지다. 器(기): 나라의 기구, 조직.

13 割(할): 흐트러지다.

29장

將欲取天下 而爲之者(장욕취천하 이위지자)
THE WAY OF NONINTERFERENCE

將欲取天下(장욕취천하)[1] 而爲之者(이위지자)[2]

천하를 욕심부려 차지하려고 그렇게 하는 자는,

Those who would take hold of the world and act on it,

吾見其(오견기)[3] 不得已(부득이)[4]

나는 그것이 불가능함을 안다.

I noticed it would not succeed.

天下神器(천하신기) 不可爲也(불가위야)[5]

세상은 참으로 신비해서, 그렇게 억지로 해서 되는 것이 아니다.

The world is mysterious instrument, not made to be handled awkwardly.

爲者敗者(위자패자) 執者失者(집자실자)

억지로 이루려는 자는 실패하고, 차지한 자는 잃는다.

Those who act on it, spoil it, those who seize it, lose it.

故物(고물) 或行(혹행) 或隨(혹수)

그래서 세상 만사는, 혹은 스스로 가기도 하고, 또는 남을 따라
가기도 하고,

So, in natural law, some lead, some follow,

或歔(혹허)[6] 或吹(혹취)[7]

혹은 안절부절못하기도 하고, 또는 침착하기도 하며,

Some agitate, some remain silent,

或强(혹강) 或羸(혹리)[8]

혹은 강하기도 하고, 혹은 약하기도 하는데,

Some are firm, some are weak,

或載(혹재)[9] 或隳(혹휴)[10]

혹은 성취하기도 하고, 혹은 잃기도 하기 때문이다.

Some carry on, some lose heart.

是以聖人(시이성인) 去甚(거심) 去奢(거사) 去泰(거태)[11]

그래서 성인은, 극단을 피하고, 사치를 삼가며, 과도한 행동을

피한다.

Thus, evolved persons, avoid extremes, avoid extravagance, avoid excessive acts.

29장은 지도자의 덕성을 강조한 것으로, 권력을 무력으로 쟁취하는 것은 자연의 순리를 거스르는 것이기 때문에 결국 비극적인 종말을 맞이할 것이라고 경고하고 있다.

---

1 將(장): ~을 부리다.

2 爲之者: 그렇게 하는 자.

3 見: 알다. 其: 그렇게 하는 것.

4 不得: 성공할 수 없다, 얻을 수 없다. 已(이): 어조사로 그것은.

5 爲: 억지로 하는.

6 歔(허): 초조해하다.

7 吹(취): 숨을 고르고 침착하다.

8 羸(여월 리): 약해지다.

9 載(재): 성취하다.

10 隳(무너뜨릴 휴): 잃어버리다.

11 泰(태): 과도한 행동.

30장

以道佐人主者(이도좌인주자)
THE WAY OF NONINTERFERENCE

以道佐人主者(이도좌인주자)**¹** 不以兵强天下(불이병강천하)**²**

道로써 지도자를 보좌하는 사람은, 무력으로 천하에 강자가 되려고 하지 않는다.

Those who use the Tao to guide leaders, do not use force to be the strong leader in the world.

其事好還(기사호환)**³**

그렇게 하면 좋은 결과로 돌아온다.

Such matters tend to come into fruition.

師之所處(사지소처)**⁴** 荊棘生焉(형극생언)**⁵**

대저 군대가 머물던 곳에는, 가시덤불이 무성하고,

Where armies are positioned, thorny brambles are produced,

大軍之後(대군지후) 必有凶年(필유흉년)

군대가 지나간 다음에는, 꼭 흉년이 들게 마련이다.

A great military always brings years of hunger.

善者果而已(선자과이이)[6] 不敢以取强(불감이취강)[7]

훌륭한 지도자는 승리하면 곧 멈추고, 억지로 강대해지려고 하지 않는다.

Those who are skillful stop after succeeded, and they do not hold on power with force.

果而勿矜(과이물긍)[8] 果而勿伐(과이불벌)[9]

이겨도 자만하지 않고, 이겨도 공적을 내세우지 않는다.

They succeed and not boast, they succeed and do not make claims.

果而勿驕(과이물교) 果而不得已(과이부득이)[10] 果而勿强(과이물강)

이겨도 교만을 부리지 않으며, 이겨도 취하지 않고, 이겨도 억압하지 않는다.

They succeed and are not proud, they succeed and do not acquire in excess, they succeed and do not force.

物壯則老(물장즉노)[11]

급하게 성장하는 것은 곧 쇠하는 법이니,

Things overgrown will always decline,

是謂不道(시위불도) 不道早已(부도조이)

이러한 것을 그릇된 도라 하는데, 그릇된 도는 일찍 끝나는 것이다.

This is not the Tao, what is not the Tao will soon end.

30장에서는 지도자를 보좌하는 사람은 각자의 생계에 매진해야 하는 국민을 싸움터로 동원하는 전쟁의 참담함을 인식하고 가능한 전쟁을 삼가야 하며 부득이 전쟁을 선택한 경우 최소한의 희생을 호소하고 있다. 노자의 철학이 불이병강천하(不以兵强天下)에 모두 담겨 있다.

---

1   以: ~로써. 佐(좌): 보좌하다. 人主: 임금, 지도자.

2   不以: ~로써 하려 하지 않는다. 强兵: 강한 군사력으로.

3   還(환): (좋은 결과로) 돌아오다.

4   師(사): 군대. 所: 장소.

5   荊棘(형극): 가시덤불 형, 가시나무 극. 生: 자라다. 焉(언): 어조사.

6   果(과): 이기다. 而(이): 비록 ~일지라도. 已(이): 마치다.

7   敢(감): 감히. 以: 어조사. 取(취): 빼앗다. 強: 강해지다.

8   矜(긍): 자만하다.

9   伐(벌): 공적을 내세우다.

10 不得已(부득이): 취하지 않다.

11 物: 물질적인 모든 것. 壯(장): 급히 성장하다. 則(즉): 곧. 老: 쇠하다.

31장

夫佳兵者不祥之器(부가병자불상지기)

LIMIT THE USE OF FORCE

夫佳兵者不祥之器(부가병자불상지기)[1]

대저 좋은 병기라고 하는 것은 상서롭지 못한 무기인지라,

The so-called the finest weapons can be instruments of misfortune,

物或惡之(물혹오지)[2] 故有道者不處(고유도자불처)[3]

혹시라도 일이 잘못될까 봐, 道를 터득한 자는 이를 아예 두지 않는다.

Perhaps, affairs of man may be vicious, those who has possess Tao turn away from them.

君子居則貴左(군자거즉귀좌)[4] 用兵則貴右(용병즉귀우)[5]

그러므로 君子는 좌측을 귀하게 여기고, 군대를 동원하는 것은 우측을 좋아하는 것이다.

Evolved leaders prefer to dwell in the left side, while those who use weapons honor the right.

兵者不祥之器(병자불상지기) 非君子之器(비군자지기)[6]

군사라는 것은 좋은 기구가 아니어서, 군자가 사용할 무기가 아니다.

Weapons are instruments of misfortune, not to be used by the evolved leaders.

不得已而用之(부득이이용지) 恬淡爲上(염담위상)[7]

부득이 사용해야 할 때에는, 차분한 자세로 최고로 절제해서 사용해야 한다.

When their use is avoidable, the superior act with calm restraint is required.

勝而不美(승이불미) 而美之者(이미지자) 是樂殺人(시락살인)

이겨도 좋은 것이 아닌데, 만약 좋아한다면, 살인을 좋아하는 것이다.

Even if victorious, it is not something to be joyful, if joyful, is a kind of enjoying with slaughter human lives.

夫樂殺人者(부락살인자)[8] 則不可得志於天下矣(즉불가득

1 夫: 대저(in regards to). 佳兵(가병): 훌륭한 병기. 者: 것은. 不祥: 상서롭지 못한. 器: 무기.

2 物: 일. 或: 혹시라도. 惡(오): 잘못되다. 之: ~이다.

3 故: 고로. 有道者: 도를 터득한 사람. 不處: 두지 않는다.

4 居(거): 평소 則(즉): 둔다, 삼는다. 貴(귀): 귀하게 여기다. 左: 좌측.

5 貴則右(귀즉우): 오른쪽을 귀하게 여기다. 『예기(禮記)』에 보면 결혼 등의 길사(吉事)는 왼쪽을, 전쟁과 같은 흉사는 오른쪽을 상위(上位)로 한다고 기록되어 있다. 그러나 평상시에는 오히려 그 반대이다.

6 非: 아니다. 君子之器: 군자가 사용할 무기.

7 恬(염): 조용히. 淡(담): 너무 지나치지 않게. 爲: 하다. 上: 최고의 자제심.

8 夫: 무릇. 樂(락): 좋아하다.

9 不可得: 얻을 수 없다. 志: 뜻. 天下: 백성. 矣(의): 어조사.

10 上: 숭상하다.

11 偏將軍(편장군): 부장수.

12 上將軍: 최고 장수(the commander in chief).

13 言: 말. 以: ~으로. 處: 치르다.

14 之: 어조사. 衆: 많은.

15 以: ~으로. 哀悲(애비): 슬픔. 泣(읍): 눈물을 흘리는.

道常無名(도상무명)

THE TAO OF PROFOUND AND
ABSOLUTE NATURE HAS NO NAME

道常無名(도상무명)[1] 樸雖小(박수소)[2]

참된 도는 이름을 붙일 수 없으며, 아주 미세하고 극히 작아서,

The Tao of the absolute has no name, although infinitesimal in its simplicity,

天下莫能臣也(천하막능신야)[3]

천하의 누구도 그걸 마음대로 할 수 없다.

The world cannot master it.

侯王若能守之(후왕약능수지)[4] 萬物將自賓(만물장자빈)[5]

그렇지만 만약 후왕이 소박성을 지킬 수 있다면, 천하 만물이 후왕을 따를 수 있게 되어서,

If leaders would hold on it, all things would naturally follow.

天地相合以降甘露(천지상합이강감로)

천지가 서로 화합해서 단이슬이 내리듯이,

Heaven and Earth would unite to rain sweet dew,

民莫之令而自均(민막지령이자균)⁶

백성들도 법령으로 다스리지 않아도 스스로 따르게 되고,

And people would naturally cooperate without commands.

始制有名(시제유명)⁷

마치 통나무가 잘리고 깎여서 형체가 만들어지듯이 이름게 된다.

Ever since all things were created, each one should be named,

名亦旣有(명역기유)⁸ 夫亦將知止(부역장지지)⁹

일단 이름을 가진 세상이 만들어지면, 어디에서 멈추어야 할지가 정해진다.

When names emerge, know likewise where to stop.

知止所以不殆(지지소이불태)¹⁰ 譬道之在天下(비도지재천하)¹¹

그런데 그 머무를 대를 알고 나면 위태롭지 않고, 도리를 따르는 마음이 세상 사람들을 모이게 하는 것은 비유하자면,

The presence of the Tao in the World, like the path of Heaven and Earth.

猶川谷之於江海(유천곡지어강해)[12]

마치 냇물과 골짜기의 물이 흘러 강과 바다로 가는 것과 같다.

Is like the valley stream joining the rivers and seas.

32장은 통나무와 같은 박(樸)을 강조하고 있는데 박(樸)과 명(名)은『도덕경』에서 많이 회자되는 용어로서 전자는 문명 이전의 소박함을, 후자는 문명이 만든 인간 세상의 모든 부조리와 난맥상을 뜻한다. 박이란 통나무가 가공되지 않은 무명(無名)의 상태에서 목수에 의해서 어떤 형태로든 변형될 수 있으니 적재적소에 이용될 수 있는 잠재태를 말한다.

---

1 常: 영구불변의 본질.

2 樸(박): 소박하다(simple). 誰(수): 비록. 少: 미세하고 작은.

3 莫(막): ~할 수 없다. 臣(신): 마음대로 하다.

4 侯王(후왕): 제후국 왕. 若(약): 만약. 守(수): 지키다(道의 소박성).

之: 그것(소박성).

5 將(장): 하게 한다. 自: 마음먹은 대로. 賓(빈): 따르다.

6 백성들, 莫(막): 없어도. 令(령): 법령. 自均: 스스로 따르다.

7 始(시): 비로소. 制(제): 제왕의 직분이 만들어져서. 有名: 이름이 붙게
   된다.

8 名: 이름을 가진 세상. 亦(역): 일단, 旣(기): 이미. 有: 만들어진 것들.

9 夫: 생각건대. 亦(역): 그대로. 將: 이어 가다. 知止: 자신들의 있을 곳
   에서 멈춘다.

10 所以: 있을 곳을 알고. 不殆(불태): 위태롭지 않다.

11 譬(비): 비유하자면. 道: 도를 따르는 마음. 在: 모이게 하다. 天下:
   백성.

12 猶(유): 마치. 之: 어조사, 於: ~으로, 江海: 강과 바다로.

33장

知人者智 自知者明(지인자지 자지자명)

SELF-MASTERY

知人者智(지인자지) 自知者明(자지자명)[1]

남을 아는 자는 지혜롭고, 스스로를 알고 있는 사람은 현명한 사람이다.

Those who know others are intelligent, those who know themselves have wisdom.

勝人者有力(승인자유력) 自勝者强(자승자강)

남을 이기는 사람은 힘이 있는 사람이며, 자신의 마음을 이겨 내는 사람은 강인한 사람이다.

Managing others requires skill, mastering yourself takes inner strength.

知足者富(지족자부) 强行者有志(강행자유지)[2]

만족할 줄 아는 사람은 부자이고, 힘써 행하는 자는 뜻이 있고,

Those who know enough is wealth of spirit, those who

persevere have direction,

不失其所者久(불실기소자구)[3] **死而不亡者壽**(사이불망자수)[4]

자기의 실 자리를 잃지 않고 지키는 사람은 오래가고, 죽어도 죽지 않는 것이며 영원히 산다.

Those who maintain their position endure, and those who die and yet do not perish, live on.

33장에서 노자는 인간들이 일상적으로 밖으로만 향하던 비판의 잣대를 자신의 내면으로 돌릴 때 참된 道의 경지를 체험할 수 있다고 말한다.

---

1 明: 현명하다.

2 强行: 힘써 행하다. 有志: 道에 뜻이 있다.

3 其所: 자기가 있어야 할 장소. 久(구): 오래가다.

4 死以: 죽어도. 不亡者: 죽은 사람이 아니며. 壽(수): 오래 살다.

34장

大道氾兮 其可左右(대도범혜 기가좌우)
THE GREAT PATH OF HEAVEN AND
EARTH EXTENDS EVERYWHERE

大道氾兮(대도범혜)[1] 其可左右(기가좌우)

심오한 도는 넘쳐흘러 어디에나 있는데, 그것은 자유자재로 좌우로 움직일 수 있다.

The great Tao is everywhere, flowing left and right.

萬物恃之以生(만물시지이생)[2] 而不辭(이불사)[3]

모든 만물이 그를 의지하여 생겨나도, 결코 만물을 지배하지 않는데,

The ten thousand things flow from it, yet it never dominates,

功成不名有(공성불명유)[4]

일을 성취하고도 명성을 취하지 않는다.

Achieved successfully, yet it does not try to appear great.

衣養萬物(의양문물) 而不爲主(이불위주)[5]

만물을 입히고 기르면서도, 결코 주재자와 같이 마음대로 하지
않는다.

It clothes and cultivate all things, yet it does not act as master.

常無欲(상무욕)[6] 可名於小(가명어소)

욕망을 부리지 않으니, 그 존재가 아주 작아 보이고,

Seen with detachment, and it appears infinitely Small.

萬物歸焉(만물귀언)[7] 而不爲主(이불위주)[8]

만물이 모두 이곳으로 돌아가지만, 주재자가 되지 않으니,

All things merge with it, and it does not act as master,

可名爲大(가명위대)

이것을 큰 것이라고 이름할 수 있다.

It can be named Great.

以其終不自爲大(이기종부자위대)

도는 끝까지 크다고 하지 않으니,

In the end it does not seek Greatness,

故能成其大(고능성기대)[9]

그래서 진실로 위대함이 이루어질 수 있는 것이다.

And thereby achieves true Great strength of character

34장은 1장과 4장, 7장, 8장에서 말한 道의 위대성을 다시 상술한 것이다. 5장에서 道는 만물을 추구(芻狗)로 여기고 생육(生育)하지만 불굴(不屈: 다함이 없다)하다는 걸 기억해야 한다.

---

1   大: 큰, 위대한. 氾兮(범혜): 넘쳐흐르다.

2   恃(시): 따르나. 以生: 그것에 의해서 생겨나나.

3   而: 하더라도. 辭(사): 사양하다.

4   功: 업적. 有: 취하다.

5   而: ~할지라도. 爲: 하다. 主: 주재자.

6   常: '부리다'는 뜻으로 쓰였다.

7   焉(언): ~하지만.

8   爲: 되게. 主: 주재자.

9   故: 고로. 能: 가능하다. 成: 이루어지다.

35장

執大象 天下往(집대상 천하왕)
HOLD FAST THE GREAT IMAGE,
AND ALL THE WORLD WILL COME

執大象(집대상) 天下往(천하왕)[1]

대상(道)의 마음을 놓지 않고 견지하면, 많은 사람이 따라오게 되는데,

Hold fast to the Great Image, then all the world will come,

往而不害(왕이불해) 安平太(안평태)

어디를 가도 손해를 끼치지 않고, 태평을 누릴 수 있다.

Where ever you go shouldn't be harmful, only peace and order will follow.

樂與餌(악여이)[2] 過客止(과객지)

음악과 음식은 과객을 멈추게 하지만,

When there is music together with food, the audience will linger,

道之出口(도지출구)[3] 淡乎其無味(담호기무미)[4]

도가 사람의 입에서 나오는 것은, 맑은 물처럼 맛도 없고 투명해서

But the Tao is expressed, it is transparent like clear water without substance or flavor.

視之不足見(시지부족견)[5] 聽之不足聞(청지부족문)

보아도 볼 수 없고, 들으려 해도 들을 수가 없지만,

We observe and there is nothing to see, we listen and there is nothing to hear.

用之不足旣(용지부족기)[6]

그 작용이 못다 하고 끝이 나는 일이 없다.

We use it without exhaustion and it is without end.

35장은 노자가 우리에게 늘 자애로운 마음을 가지고 어느 쪽에도 집착함이 없이 道의 광대무변함과 같이 호연지기(浩然之氣)의 자세로 살아갈 것을 주문하고 있다.

1 往: 따라오다.

2 樂與餌(악여이): 음악과 음식.

3 道之: 도라는 것.

4 淡乎(담호): 맑은 물처럼 꾸밈없는.

5 視之: 보아도.

6 不足旣(부족기): 못다 하고 끝나다.

36장

將欲歙之 必固張之(장욕흡지 필고장지)

CONCEALING THE ADVANTAGE

將欲歙之(장욕흡지)[1] 必固張之(필고장지)[2]

장차 이것을 접으려 하면, 반드시 진실로 펴게 해야 하고,

In order to deplete it, it must be thoroughly extended.

將欲弱之(장욕약지) 必固强之(필고강지)

장차 이것을 약하게 하려면, 반드시 진실로 강하게 하며,

In order to weaken it, it must be thoroughly strengthened.

將欲廢之(장욕폐지)[3] 必固興之(필고흥지)[4]

장차 이것을 폐하려고 하면, 반드시 진실로 더욱 진흥시키려 애써야 한다.

In order to reject it, it must be thoroughly promoted.

將欲奪之(장욕탈지) 必固與之(필고여지)

장차 이것을 빼앗으려 하면, 반드시 이를 주어야 한다.

In order to take away from it, it must be thoroughly endowed.

是謂微明(시위미명)⁵

이것을 미명이라고 한다.

This is called a subtle insight.

柔勝强(유승강) 弱勝强(약승강)

유연한 것이 굳센 것을 이기고, 약한 것이 강한 것을 이긴다.

The yielding can triumph over the inflexible, the weak can triumph over the strong.

魚不可脫於淵(어불가탈어연)

물고기는 연못으로부터 내보낼 수 없듯이,

Fish should not be removed out of the lake,

國之利器(국지이기) 不可以示人(불가이시인)⁶

국가는 백성을 이롭게 해 주는 기구여서, 백성을 저버리는 것은 옳은 일이 아니다.

Since the nation's prime objective should be beneficial to the people, it is not right forsaking desires of its own people.

노자에게 영향을 준 『주역(周易)』은 천지자연의 조화를 형상으로 나타낸 것이다. 64괘 중에 25번째인 천뢰무망(天雷無妄)은 하늘에서 벼락이 때리는 형국으로, 경거망동하지 말 것을 강조하고 있다. 만사는 천명불우(天命不祐: 하늘이 돕지 않으면)면 행의재(行矣哉: 행해질 수 없다)이며 한 나라의 국사는 하늘이 돕지 않으면 제왕은 결코 선정을 베풀 수 없기 때문이라고 말해 주고 있다. 「도경(道經)」의 2장에서는 지도자에게 무위(無爲: 함이 없음)를 강조했고, 36장에서 노자는 道를 내면화한 德이 있는 지도자는 자신을 내세움이 없이 늘 만백성을 한결같은 마음으로 욕심 없이 이치대로 다스릴 것을 주문하고 있다.

---

1 將(장): 장차. 欲: 바라다. 歙(흡): 줄일 흡. 之: 어조사(~하면).

2 固: 진실로. 張(장): 펴다.

3 廢(폐): 폐지하다.

4 興(흥): 더욱 촉진시키다.

5 微(미): 은밀한.

6 以: 행위. 示: 저버리다. 人: 백성.

37장

道常無爲 而無不爲(도상무위 이무불위)
THE POWER IN DESIRELESSNESS

道常無爲(도상무위)[1] 而無不爲(이무불위)[2]

도는 항상 함이 없는 것 같지만, 못하는 일이 없다.

The Tao seems like never acts, and yet is never inactive.

侯王若能守之(후왕약능수지)[3] 萬物將自化(만물장자화)[4]

제후와 왕이 만약 이를 잘 지킨다면, 만물이 스스로 교화될 것
이다.

If leaders can hold on to it, all things will be naturally
influenced.

化而欲作(화이욕작) 吾將鎭之以無名之樸(오장진지이무명
지박)[5]

그러나 교화되는 과정에서 욕심이 생기면, 우리에게 보이지 않
는 순박함이 진정시킨다.

Influenced and yet desiring to act, it would calm them with

Nameless Simplicity(樸).

無名之樸(무명지박) **夫亦將無欲**(부역장무욕)

보이지 않는 무명의 樸(박)으로 진압해 가면, 백성들은 다 같이 욕심을 없애려고 노력할 것이다.

If Nameless Simplicity calms down the leaders' desire, the people would follow suit.

不欲以靜(불욕이정) **天下將自定**(천하장자정)

성인이 욕심 냄이 없이 고요하면, 천하는 장차 스스로 안정될 것이다.

If evolved leaders are in tranquil state of mind without the avarice, the world will be naturally stabilized.

도경의 마지막인 37장은 성인(聖人)을 천지자연의 원리인 무욕, 순박함에 비유하고 있으며 그런 지도자는 백성들이 자발적으로 동참해서 국정이 잘 운영된다고 말해 주고 있다.

1 常: 항상. 無爲: 함이 없음.

2 而: 하지만. 無不爲: 함이 없음.

3 若(약): 만약. 能: 할 수 있다. 守: 지키다. 之: 어조사.

4 將: 이루어지다. 自化: 스스로 그렇게.

5 吾: 나에게. 將: 하게 하다. 鎭之: 욕망을 진정시키다. 以: ~으로. 無
名: 이름도 없는. 樸: 순박.

德이란 무엇인가? 형성자(形聲字)에 나타난 德이란 글자를 인수분해해 보면 왼쪽에 두인변(人 자가 두 개 겹친 모양)이 있고, 위에는 열 십(十) 그리고 밑에 넉 사(四)가 있고 그 밑에는 한 일(一)이 있으며 맨 밑에는 마음 심(心)으로 구성되어 있다.

우선 두인변이 다른 글자와 어울려 쓰일 때에는 '행동하다, 가다'의 뜻이 된다. 十은 열 번의 뜻, 四란 글자가 낱말의 중간에 들어갈 때는 눈 목(目: 보다)의 의미로 해석된다. 心은 마음의 뜻이니 '열 번 이상 눈을 부릅뜨고 한마음(一)으로 보고 행동한다'는 뜻이 되며 그게 곧 덕을 쌓는 길이라는 걸 말해 주고 있다. 즉, 인간 사회의 올바른 도덕과 윤리를 말하고 있다.

2부

덕경

(Te Ching)

38장

上德不德 是以有德(상덕부덕 시이유덕)

TRANSCENDING OURSELVES,
THEY ARE TRULY VIRTUOUS

上德不德(상덕부덕)¹ 是以有德(시이유덕)

최고의 덕은 자신을 잊는 것이고, 그래서 진실로 덕이 있으며,

The supreme virtue transcends ourselves; they are truly virtuous.

下德不失德(하덕불실덕)² 是以無德(시이무덕)

좀 덜된 사람은 덕스러우려고 애쓰므로, 오히려 덕이 없다.

The lesser person tries hard to look good; therefore, not virtuous.

上德無爲(상덕무위)³ 而無以爲(이무이위)

최고의 덕은 한다는 의식조차 없고, 작위가 없으며,

The supreme virtue takes no action and acts free of motive,

下德爲之(하덕위지)⁴ 而有以僞(이유이위)⁵

천한 덕은 티를 내려고 하기에, 거짓으로 행한다.

The inferior virtue takes action purposely, and acts with motive.

上仁爲之(상인위지) 而無以僞(이무이위)

훌륭한 仁은 일을 꾸미지만, 거짓을 행하지 않는데,

The supreme philanthropy takes action and acts without malice,

上義爲之(상의위지)[6] 而有以僞(이유이위)[7]

최고로 의롭다고 하는 일은 강한 의지에 의해서 일어나는데, 거기에는 작위(作僞: 거짓)가 있다.

The supreme justice caused by strong will, acts with human skills and deceptive tricks.

上禮爲之(상례위지) 而莫之應(이막지응)[8] 則攘臂而仍之(즉양비이잉지)[9]

최고의 예를 갖추는 것은 유위인데, 이에 응함이 없으면, 곧 팔을 걷어붙이고 끌어당긴다.

The supreme propriety takes action, and if there is no response, it raises arm to project itself.

故失道而後德(고실도이후덕) 失德而後仁(실덕이후인)

그래서 道를 잃은 후에 德이 있고, 德을 잃은 후에 仁이 있고,

When the Tao has been lost, the virtue follows：when the virtue has been lost, wisdom follows.

失仁而後義(실인이후의) 失義而後禮(실의이후예)

仁을 잃은 후에 義가 있고, 義를 잃은 후에 禮가 있다.

When the wisdom has been lost, justice follows： when the justice has been lost, propriety follows.

夫禮者 忠信之薄 而亂之首(부예자 충신지박 이란지수)[10]

생각해 보면 禮라는 것은 두터운 신의가 희박해져서, 혼란이 시작되는 것이다.

One who has propriety has the veneer of faith, and yet it is the beginning of confusion.

前識者道之華(전식자도지화)[11] 而愚之始(이우지시)

시대를 앞서간다고 자처하는 사람들은 도의 허황된 꽃이요, 어리석음이 시작된다는 것이다.

By analysis, should the Tao not be sprouted into flower,

could be the beginning of foolishness.

是以大丈夫(시이대장부)**12** 處其厚(처기후)**13** 不居其薄(불
거기박)**14**

그래서 높은 위치에 있는 자는, 신중하게 처신하지, 가볍게 행동
하지 않고,

Therefore, those who at the higher hierarchy, behave with
the greatest endurance, without brashness,

處其實(처기실) 不居其華(불거기화)**15**

진실하게 처신하지, 겉으로 보기에 화려하게 처신하지 않는다.

Behave prudently, without false tricks.

故去彼取此(고거피취차)

그래서 현명한 지도자는 나와 남을 구분하지 않는다.

In this manner, a wise leader should not make distinction
between myself and others.

38장은 「덕경(德經)」의 초입으로 道를 내면화한 지도자가 德을 시
현하는 모습이 어떠한가를 구체적으로 상술하고 있다. 여기에서

주목할 것은 유교에서는 인의예지와 법을 잘 지키는 사람을 이상적인 성인군자의 모습으로 비추는 데 반해서, 노장(노자와 장자)사상은 인의예지를 인간의 자연스러운 순수 감성을 오히려 거스르는 행위로 치부하고 무위(無爲)에 역행하는 것으로 본다는 점이다. 그래서 유교적인 덕을 하덕(下德)으로 평가하며 노자의 무위의 덕을 상덕(上德)으로 본다. 道를 잃은 후에 德이 있고 仁을 잃은 후에 義가 있다는 패러독스는 결국 인간의 순수한 심성의 발현이 마비되었을 때 거기에 대한 반동으로 나타나는 현상이라는 것이다.

---

1 上德: 최고의 덕. 不德(부덕): 덕이란 걸 아예 잊고 있는 상태.

2 下德: 자신이 덕(德)이 있다고 의식하는 것. 不失德(부실덕): 덕을 잃지 않으려고.

3 無爲: 의식적인 행위가 결여된.

4 爲: 조작하다, 티를 내려고 행하다.

5 而: 하면서. 有: 행동하다. 僞: 거짓으로.

6 義: 여기서는 의로운 일. 爲之: 의지에 의한 일.

7 有以爲: 거짓이 있다.

8 莫(막): 보통 부정사로 '없다'의 뜻.

9 攘(양): 걷어붙이다. 臂(비): 팔뚝 비. 仍(잉): 끌어당기다.

10 夫: 생각하건대. 者: ~이란 것은. 忠(충): 깊은, 두터운. 薄(박): 희박

하다. 以: ~해서. 亂: 혼란. 之: 그. 首: 시작, 근원.

11 前識: 시대를 앞서간다고 華: 꽃을 피우다.

12 大丈夫: 높은 위치에 있는 지도자.

13 厚(후): 두터울 후, 신중함.

14 薄(박): 엷을 박, 가벼이 생각하다.

15 不居: 처하지 않는다. 華(화): 겉으로 보기에 화려한.

39장

昔之得一者(석지득일자)
ONE TO BE ORIGIN,
THE BEGINNING OF ALL THINGS

昔之得一者(석지득일자)[1]

옛날 태초에 근본인 하나가 있었다.

One to be Origin, the beginning of birth of all things.

天得一以淸(천득일이청)[2] 地得一以寧(지득일이녕) 神得一
以靈(신득일이령)

하늘은 맑고 밝은 것으로 근본을 이루고, 땅은 안정된 것으로 근
본을 이루고, 정신은 신령스러움으로 하나를 이루고,

The Heaven was bright and clear, the Earth was in balance,
the spirit rejoiced its mysteriousness,

谷得一以盈(곡득일이영) 萬物得一以生(만물득일이생)[3]

계곡은 물이 차는 것으로 근본을 이루고, 만물은 생겨나는 것으
로 근본을 이루고,

The valleys were filled with life, the ten thousand things

flourished,

侯王得一以爲天下貞(후왕득일이위천하정)[4]

제후와 왕은 백성을 바르게 다스리는 것을 근본으로 삼았다.

The leaders were wise enough governing the people with integrity

其致之(기치지)[5] 天無以淸(천무이청)[6] 將恐裂(장공렬)[7] 地無以寧 將恐發(지무이영 장공발)[8]

그 근본이 그치면, 하늘의 청명함이 없어지고 무너져 내릴까 공포스럽고, 땅은 균형이 무너질까 두려움이 따르게 되고,

These were attained through Oneness, Heaven without clarity would probably crack, Earth without stability would probably quake,

神無以靈(신무이령)[9] 將恐歇(장공헐)[10] 谷無以盈(곡무이영) 將恐竭(장공갈)

정신은 혼이 나가서 아무것도 할 수 없거나 않을까 공포스럽고, 계곡의 물이 차지 않으면 말라 버릴까 두려워하게 되고,

Mind without inspiration would probably sleep, valleys without fullness would probably dry up.

萬物無以生(만물무이생) 將恐滅(장공멸) 侯王無以貞(후왕무이정) 將恐蹶(장공궐)[11]

만물은 성장하지 않으면 멸망하게 될까 하는 두려움이 따르게 되고, 제후와 왕은 바른 정치를 하지 않으면 백성이 들고일어나 무너뜨리지 않을까 두려워하게 된다.

All things without creativity would probably dry up, leaders without incorruptible ways would probably stumble and fall.

故貴以賤爲本(고귀이천위본) 高以下爲其(고이하위기)[12]

그런데 천한 것을 귀히 여기는 것은 근본을 이루는 것이기에, 자신을 낮추고 백성을 높이는 것이 근본을 행하는 것이다.

Indeed, the high-placed stem from the humble: the elevated are based upon the lowly.

是以侯王自謂孤(시이후왕자위고)[13] 寡不穀(과불곡)[14]

그래서 후왕을 스스로 고독한 자라고 부르거니와, 자신을 천하게 종(노예)이라고 칭하는 것이다.

This is why evolved leaders should be inevitably lonesome, isolated from the people, humbly speaking as the authority of a kind, nor proficient ruler.

此非以賤爲本邪(차비이천위본사)[15] 非乎(비호)

이렇게 자신을 낮추는 것이 근본을 행하는 것이 아니겠는가? 그렇지 아니한가?

Is this not because they stem from the humble and common? Is it not?

故致譽無譽(고치예무예)[16]

그래서 자주 칭찬한다면 칭찬이 없는 것이니,

Therefore, attain honor without being honored,

不欲碌碌如玉(불욕녹록여옥)[17] 珞珞如石(낙락여석)[18]

아름다운 옥이 되려 하지 말고, 볼품없는 돌과 같은 구슬이 되어라.

Do not desire to shine like jade; wear ornaments as if were stone.

39장도 38장의 연속이라고 볼 수 있는데, 좀 더 道를 깨우치고 德을 갖춘 君子가 처신해야 할 참다운 모습을 재현하고 있다.

1 1 一: 만물의 근원.

2 得: 얻다, 있었다.

3 生: 생겨나는.

4 侯王: 덕이 있는 왕. 爲: 다스림. 天下: 백성. 貞: 바르게.

5 致(치): 행해지지 않다, 그치다.

6 天無以淸(천무이청): 하늘의 푸르름이 없는.

7 將(장): 되다. 恐(공): 공포스럽다. 裂(열): 찢어지다, 조각나다.

8 寧(녕): 균형. 發: 발은 動과 같은 뜻으로 지진이 일어나는 것.

9 神無以靈: 정신이 혼미하면, 즉 영함이 없어지면.

10 歇(헐): 休와 같은 뜻으로 아무것도 할 수 없음을 뜻함.

11 蹶(궐): 쓰러질 궐, 즉 권력이 무너지는 걸 우려하는 것.

12 高以: 백성을 높이고(앞에 '백성'이 생략되어 었다). 下位: 낮추다. 其 (기): 자기.

13 謂(위): ~라 부르고. 孤(고): 고독한.

14 寡(과): 낮추다. 穀(불곡): 여기서 不穀(불곡)이란 '종, 노예'란 뜻으로 제후들이 자신을 낮추어 부르는 말이다.

15 本: 근본. 邪(사): 아니겠는가?

16 致(치): 부르다, 칭하다. 譽(예): 칭찬하다, 뒤의 예는 명사로 칭찬.

17 碌碌(녹록): 구슬이 빛나는 모양.

18 珞珞(낙락): 돌 같은 것으로 만든 구슬 목걸이로 '락'이 중복되었다(강조 의 의미).

40장

反者道之動(반자도지동)

THE WAY OF CIRCULATING IN SPACE

反者道之動(반자도지동)[1]

근원으로 돌아가는 것은 도의 움직임이고,

The way of returning to the origin is the activity of Tao,

弱者道之用(약자도지용)[2]

연약한 것이 도의 작용이니,

Receptivity is the way of Tao goes.

天下萬物(천하만물) 生於有(생어유)

만물은 유에서 생기며,

All things were produced from existence,

有生於無(유생어무)

유는 무에서 생긴다.

Its existence was produced from nonexistence.

40장은 有와 無에 관해서 14장에서 道의 실체를 무색(無色)·무형(無形)·무성(無聲)이라고 정의한 것과 더불어 사물의 있고 없음은 無와 有가 끊임없이 반복되는 무한한 인드라의 그물망과 같은 것이라고 하면서 無는 有의 근본임을 말해 주고 있다.

---

1   反: 근원으로 돌아감. 動: 움직임.

2   道之: 도의.

41장

上士聞道 勤而之行(상사문도 근이지행)
KNOW WHAT THE PATH OF HEAVEN AND EARTH, DEVOTE YOURSELF TO PRACTICE THE PATH

上士聞道(상사문도)[1] 勤而之行(근이지행)

최고의 지도자는 道에 대해서 들으면 열심히 실행하려고 하고,

When superior leaders hear of the Tao, they diligently try to practice it,

中士聞道(중사문도) 若存若亡(약존약망)[2]

중간 정도의 지도자는 道에 대해서 들으면 반신반의하고,

When average leaders hear of the Tao, they appear both aware and unaware of it.

下士聞道(하사문도) 大笑之(대소지)

제일 낮은 수준의 지도자는 道에 대해서 들으면 크게 웃는다.

When inferior leaders hear of the Tao, they just roar with laughter.

不笑不足(불소부족)³ 以爲道(이위도)⁴

비웃음이 없으면, 道라고 부르기에는 부족하다.

Without sufficient laughter, there could be no Tao.

故建言有之(고건언유지)⁵ 明道若昧(명도약매)⁶ 進道若退
(진도약퇴)⁷

그래서 옛말에 의하면, 깨우친 道는 어리석은 道 같고, 본받아야
할 道는 버려야 할 道 같다.

So, the long−held sayings : The Tao illuminated appears to
be obscure, the Tao advancing appears to be retreating.

夷道若纇(이도약뢰)⁸ 上德若谷(상덕약곡)⁹ 大白若辱(대백
약욕)¹⁰

공평한 道는 어그러진 것 같고, 가득찬 德은 분수에 넘치는 것
같고, 진실로 결백한 德은 때가 묻어 뒤범벅이 된 것 같다.

The Tao leveled appears to be uneven, superior Tao appears
to be low, Great clarity appears to be spotted.

廣德若不足(광덕약부족) 建德若偷(건덕약투)¹¹ 質德若渝
(질덕약유)¹²

지극히 큰 德은 부족해 보이고, 德行을 세운 것은 빼앗길 것 같

고, 진실한 德은 부정한 것 같다.

The great virtue appears to be insufficient, established virtue appears to be stolen, substantial virtue appears to be spurious.

大方無隅(대방무우)[13] 大器晚成(대기만성)

크고 모범인 것은 모서리가 없고, 큰 그릇은 더디게 이루어진다.

The greatest space has no corners, the greatest talents are slowly mastered.

大音希聲(대음희성) 大象無形(대형무형)

뜻이 깊은 말은 소리가 작고, 본받아야 할 지극한 형상은 형체가 없다.

The greatest music has the rarest sound, the great image should be in destitute of any form.

道隱無名(도은무명) 夫唯道善貸且成(부유도선대차성)[14]

진정한 道는 이름이 없이 숨겨져 있으니, 생각해 보면 道는 무엇이든 잘 이루어지게 도와준다.

The Tao is hidden and nameless, yet it is the Tao that skillfully support and completes.

41장은 道를 터득한 사람이 현실적으로 德을 실천하는 구체적인 방법을 서술하고, 진실로 대성하는 인물은 자신을 아낌없이 내어 줄 때 道를 성취할 수 있다고 말한다.

---

1   上士: 여기서 상사란 지도자 혹은 선비를 말함.

2   若存(약존): 생각하다. 若亡: 잊어버리다.

3   不笑: 웃음이 없다. 不足: 충분치 않다.

4   以: 가히. 爲道: 도라고 할 수 없다(부정의 뜻이 내포되어 있다).

5   故: 고로. 建言(건언): 옛말. 有: 있었던. 之: 어조사.

6   明: 깨우친. 昧(매): 어둡다는 뜻인데 곧 어리석음을 뜻함.

7   進: 본받다. 退(퇴): 버리다.

8   夷(이): 공평하게 베푸는. 纇(뢰): 어그러진.

9   上德: 가득 찬 道. 노자는 上의 의미를 大 혹은 至(지극함)와 같은 의미로 쓴다. 谷: 계곡.

10   太白(대백): 진실로 깨끗한 덕. 若(약): ~같다. 辱(욕): 때문어 더러운 것.

11   建(선): 세우다, 쌓다. 偸(투): 빼앗다, 훔치다.

12   質(질): 진실한. 渝(유): 부정하다, 삐뚤어지다.

13   方: 모범. 隅(우): 모퉁이.

14   夫唯(부유): 대저 생각해 보면. 善: 잘. 貸(대): 자신을 내어 준다. 且(차): 적용. 成: 이루다.

42장

道生一 一生二(도생일 일생이)
TAO BEGET ONE AS COSMIC ENERGY,
ONE BEGET TWO

道生一(도생일) 一生二(일생이)

道는 하나를, 낳고 하나는 둘을 낳고,

Tao beget the One as cosmic energy, the One begets the
Two,

二生三(이생삼) 三生萬物(삼생만물)

둘은 셋을 낳고, 셋은 만물을 낳으니,

The Two begets the Three, The Three begets All Things.

萬物負陰而抱陽(만물부음이포양)[1] 沖氣而以爲和(충기이이
위화)[2]

만물은 음기(陰氣)로 의지하고 양기(陽氣)로 감싸서, 혼연히 서
로 화합한다.

All things carry Yin and hold to Yang, as they blend forever
into patterns of harmony.

人之所惡(인지소오)[3] 唯孤寡不穀(유고과불곡)[4] 而王公以爲稱(이왕공이위칭)[5]

사람들이 싫어하는 바는, 오직 외롭게 되는 것과 과부나 홀아비가 되는 것이나, 왕은 이것으로 이름을 삼는다.

People hate to be alone, lonely, and unfavored, and yet leaders take these names.

故物或損之而益(고물혹손지이익)[6] 或益之而損(혹익지이손)

그래서 세상일이란 해로운 것처럼 보이는 일이 이로울 수도 있고, 반대로 이로운 것처럼 보이는 것이 해로울 수도 있는 것이니,

Thus, in natural law, some lose and in this way profit, some profit and in this way lose.

人之所教我亦教之(인지소교아역교지)[7]

사람들이 깨달아야 할 바를 나 또한 가르치려고 하는데,

What others have taught I also teach,

强梁者(강량자)[8] 不得基死(부득기사)

강포해서 함부로 날뛰는 자는, 부득이 죽고 마니,

Those who are violent, do not die naturally,

吾將以爲敎父(오장이위교부)⁹

나는 장차 이 강량(强梁)을 배제하는 것을 교육의 근본으로 삼으
련다.

I will make this my chief teaching.

42장은 우주의 태초에 대한 가장 핵심적인 해석으로『장자』의
「천지편(天地篇)」에 잘 표현되어 있는데 道란 "하나가 있으나 아직
형이 없는 것"이라고 표현한다. 시공을 초월한 空이 하나를 만들
었고 하나가 음양을 만들었으며 음양이 삼태극(三太極)을 만들었
고 삼태극이 세상 만물을 창조했다고 말한다. 즉, 만물이 스스로
물리 법칙에 의해서 생성되는 것과 같이 인간도 무위자연의 법칙
을 따르면서 강(强)함보다 유약(柔弱)함 그리고 상호의존성을 강조
하고 있다.

---

1   負(부): 의지하다. 抱(포): 감싸다.

2   渾(혼): 솟구치다, 오르다. 爲和: 화합하게 하다.

3   惡(오): 싫어하다.

4 唯(유): 오직. 孤(고): 외롭고. 寡(과): 과부. 不穀(불곡): 홀아비.

5 王公: 왕.

6 物: 세상 이치. 或(혹): 혹은.

7 所教(소교): 사람들이 깨달은 바. 我亦(아역): 나 또한.

8 强梁(강량): 강하고 포악한.

9 將: 장차. 爲: 삼다, 생각하다. 敎父(교부): 교육의 근본, 교육의 스승.

43장

天下之至柔(천하지지유)
THE SUBTLE POWERS OF THE WORLD

天下之至柔(천하지지유)[1] 馳騁天下之至堅(치빙천하지지견)[2]

천하의 유약한 것이, 천하의 견강함을 마음대로 움직이고,

The subtle powers of the world, overtake the most rigid parts of the world,

無有入無間(무유입무간)

형태가 없는 것은 틈새가 없는 데까지 스며든다.

The insubstantial can penetrate into the subtle crevice.

吾是以知無爲之有益(오시이지무위지유익)

그러므로 나는 無爲가 유익하다는 것을 안다.

From this I learn the power of inaction

不言之敎(불언지교) 無爲之益(무위지익)

말 없는 가르침과, 무의의 이로움,

The lesson without words, the advantage without action,

天下希及之(천하희급지)³

이를 이루는 나라는 정말로 드물다.

It is rare in the world to attain them.

　　43장은 세상에서 가장 유약하면서도 미치지 않는 곳 없이 만물을 생육하는 물의 유연성과 생명성을 강조하면서 지도자들에게 백성을 강제함이 없이 물과 같은 철학을 가지고 다스리라고 말해 주고 있다.

1　之: ~의, 至柔(지유): 유약함(물).

2　馳騁(치빙): 달릴 치, 펼칠 빙으로 '마음대로 달리다, 움직이다'의 뜻.

3　希: 드물다. 及: 미치다. 之: 여기까지.

44장

名與身孰親(명여신숙친)
SURVIVING ADVERSITY AND SUCCESS

名與身孰親(명여신숙친)[1] 身與貨孰多(신여화숙다)[2]

명성과 생명 중 어느 것이 더 중요한가? 생명과 재화는 어느 쪽이 더 중요한가?

Which is greater, fame or peace of mind? Which is more valuable, peace or wealth?

得與亡孰病(득여망숙병)[3] 是故甚愛(시고심애)[4] 必大費(필대비)[5]

얻는 것과 잃는 것 중에 어느 것이 더 문제를 일으키는가? 그러므로 우리가 물질에 너무 애착을 가지게 되면 큰 대가를 치르게 된다.

Which brings more problems, gain or loss? Therefore, the stronger attachments for wealth, the greater the cost to our lives.

多藏必厚亡(다장필후망)⁶

재화를 많이 축적하면 크게 망하는 것이다.

The more that is hoarded, the deeper the loss.

知足不辱(지족불욕) 知止不殆(지지불태)

만족할 줄 알면 모욕을 당하지 않고, 분수를 지켜서 그칠 줄 알면 위태롭지 않다.

Know what is enough be without disgrace, know when to stop, be without danger.

可以長久(가이장구)⁷

그리하여 마음을 오래 편하게 가질 수 있다.

In this way one may last in peace for a long time.

44장에서 노자는 덕을 체득한 지도자는 모름지기 물질의 유혹을 초월해야 하며, 물질에 대한 욕망을 떨쳐 버리지 못하고 끝없이 축적하면 결국은 비극적인 종말을 맞이한다는 평범한 진리를 말하고 있다. 사대부들이 名(명예)을 중요시하는 유교에 대립해서 노자는 소박함 속에 만족할 줄 아는 순수한 인간상을 갈파하고 있다.

1 名: 명성. 與(여): ~중. 身: 내 몸. 孰(숙): 어느 것. 親: 가깝다, 중요
하다.

2 多: 가치 있다, 소중하다.

3 亡: 잃는 것. 病: 문제를 일으키다.

4 甚(심): 크게. 愛: 애착을 가지다.

5 必大費: 큰 대가를 치른다.

6 厚(후): 크게.

7 可: 가능하다. 長久: 편안한 마음이 오래가다.

45장

大成若缺 其用不弊(대성약결 기용불폐)

GREAT ACCOMPLISHMENT IS IN DESTITUDE, ITS USEFULLNESS IS OPEN-ENDED

大成若缺(대성약결)¹ 其用不弊(기용불폐)²

가장 잘 완성된 것은 마치 훼손된 듯하나, 그 쓰임은 다함이 없고,

The greatest achievement seems like in destitude; its usefulness is unimpaired.

大盈若沖(대영약충)³ 其用不窮(기용불궁)⁴

가장 충만한 것은 마치 빈 듯하나, 그 쓰임은 역시 다함이 없다.

The greatest fullness seems like empty; its usefulness is inexhaustible.

大直若屈(대직약굴) 大巧若拙(대교약졸)⁵

매우 곧은 것은 굽은 것 같고, 매우 공교한 재능은 오히려 서투른 것 같다.

The greatest directness seems like flexible; the greatest

skillfulness seems like awkward.

大辯若訥(대변약눌)

뛰어난 언변은 마치 어눌한 것 같다.

The greatest eloquence seems like hesitant.

躁勝寒(조승한)[6] 靜勝熱(정승열)[7]

빨리 움직여서 추위를 이기고, 고요히 지냄으로써 더위를 이긴다.

Agitation triumphs over the cold, stillness triumphs over the heated.

清靜爲(청정위)[8] 天下正 (천하정)[9]

조용히 안정을 기하는 것이, 세상을 바르게 하는 모범이다.

Clarity and stillness, bring order to the world.

굽은 나무가 산을 지킨다는 말이 있듯이 45장에서 노자는 모든 인간사와 사물에 대한 판단을 외형만을 보고 판단하지 말 것을 주문하고 있다. 어리석어 보이는 사람, 말이 어눌해 보이는 사람이 오히려 내공이 된 사람일 수 있으며, 진실되게 성실히 일을 추진한다는 역설적인 진리를 말해 주고 있다.

1 大: 가장. 若(약): 듯하다. 缺(결): 훼손된.

2 其用: 그 쓰임. 弊(폐): 해지다, 못쓰게 되다.

3 沖(충): 빈 것.

4 不窮(불궁): 다함이 없다.

5 巧(교): 뛰어난 재주. 拙(졸): 서투른.

6 躁(조): 빨리 움직이는, 어떤 책임 있는 의식을 말한다. 勝(승): 이기다, 보다 낫다. 寒(한): 무서워서 떠는.

7 熱(열): 과열된 상태로 일을 일으킴.

8 淸淨(청정): 맑고 고요한.

9 正: 준칙, 모범.

46장

天下有道 卻走馬以糞(천하유도 각주마이분)

KNOWING ENOUGH

天下有道(천하유도) 卻走馬以糞(각주마이분)[1]

천하에 도가 있으면, 전쟁에 쓸 파발마를 멈추게 해서 똥 수레를 끌게 하고,

When there is Tao in the world, the military soldier's horse should be put harness to plough in the field,

天下無道(천하무도) 戎馬生於郊(융마생어교)[2]

천하에 도가 없으면, 전차를 끄는 말이 멀리 성 밖 전쟁터로 나간다.

When the world is without Tao, war-horses are propagated in the battle field.

禍莫大(화막대)[3] 於不知足(어부지족)

만족함을 알지 못하는 것보다 더 큰 재앙은 없고,

There is no greater misfortune than not knowing what he has

is sufficient.

咎莫大(구막대) 於欲得(어욕득)⁴

지도자가 더 얻으려고 욕심내는 것보다 더 큰 허물은 없다.

There is no greater fault than greediness to acquire.

故知足之足(고지족지족)⁵ 常足矣(상족의)⁶

그러므로 족한 것을 아는 것에 만족하면, 항상 만족스럽다.

Therefore, know that enough is enough, there will always be enough.

46장에서는 덕을 체득한 도인이 욕망을 초월한 경지를 묘사하고 있다.

---

1 卻(각): 멈추다. 走馬(주마): 파발마. 以: ~하다. 糞(똥 분): 똥 수레를 끌게 하다.

2 戎馬(융마): 전차를 끄는 말. 生: 나아가다. 於: ~로. 郊(교): 전쟁터.

3 禍(화): 재앙. 於: 보다.

4 咎(구): 허물.

5 故: 그러므로. 之: ~이다.

6 常: 늘. 足: 만족스럽다. 矣(의): 말 마침 어조사.

47장

不出戸 知天下(불출호 지천하)
CULTIVATING INNER-KNOWLEDGE

不出戸(불출호) 知天下(지천하)¹

문밖으로 나가지 않아도, 천하를 알 수 있고,

Without going out of doors, know the world,

不窺牖(불규유) 見天道(견천도)²

창문으로 내다보지 않아도, 천도를 본다.

Without looking through the window, see the Tao in nature.

其出彌遠(기출미원)³ 其知彌少(기지미소)⁴

밖으로 나가는 거리가 아무리 멀어도, 아주 미세한 일까지 알 수 있다.

One may not travel very far, and know very well of the infinitely small particles of things.

是以聖人(시이성인) 不行而知(불행이지)

그래서 성인은 가지 않아도 알고,

Therefore, evolved person knows without going about,

不見以名(불견이명)[5] 不爲以成(불위이성)[6]

보지 않아도 성과를 내고, 이루려 하지 않아도 이루게 된다.

Recognize without looking, achieve without acting.

47장에서 노자는 道를 터득해서 德이 내면화된 지도자는 영적(靈的)인 체험으로 우주 운행의 법칙과 인간사 등을 감지할 수 있다고 말해 주고 있다. 그래서 전통적인 중국 철학사에서는 진리를 몸 밖에서 구하지 말라고 말했다. 아인슈타인과 스티븐 호킹은 모두 머릿속의 영상으로 일반 상대성 이론과 빅뱅 이론의 기본 개념을 직관했다고 한다. 그래서 아인슈타인은 "나는 상상력을 자유롭게 이용하는 데 부족함이 없는 예술가이다. 지식보다 중요한 것은 상상력이다. 지식은 한계가 있으나 상상력은 이 세상의 모든 곳에 다가 갈 수 있기 때문이다."라고 말했다.

1　戶(호): 집의 문.

2　窺(규): 엿보다. 牖(유): 창.

3　 其(기): 그. 出: 나가다. 彌(미): ~아무리. 遠(원): 먼.

4　少: 아주 작은.

5　名: 원리를 파악하다.

6　不爲: 인위적으로 하지 않아도. 成: 이루다.

48장

爲學日益 爲道日損(위학일익 위도일손)
THE ART OF NONACTION

爲學日益(위학일익)[1] 爲道日損(위도일손)[2]

학문은 하면 매일매일 늘어 가지만, 도을 닦으면 매일 줄어든다.

To pursue the academic gain advantage day by day, to pursue the Tao rather loose one's desire day by day.

損之又損 (손지우손)[3] 以至於無爲(이지어무위)[4]

줄고 또 줄어서 더 이상 줄일 수 없는 경지에 이르면, 무위의 경지에 이르는데,

Subtract and subtract again to arrive at nonaction,

無爲而無不爲(무위이무불위)[5]

꾸미지 않으면 이루지 못할 것이 없다.

Through inaction nothing is left undone.

取天下(취천하) 常以無事(상이무사)

천하를 취하려면 항상 무사하게 해야 하는데,

In order to govern the people, all things should be done in harmony with the path of heaven and earth,

及其有事(급기유사)[6]

무사하지 못하고 일을 억지로 꾸미게 되면,

The moment there are tricks and coercive actions,

不足以取天下(부족이취천하)

천하를 얻는 데는 충분치 못하다.

He should not govern the world.

48장은 유교가 학문 중심의 예학(禮學)을 중시한 것과 상대적으로 노자는 일체의 관념적 구속에서 벗어나 무위자연의 진리를 강조하는 호연지기(浩然之氣)의 가치를 강조하는데, 道人이 되어 갈수록 인간의 욕망은 줄어든다는 역설을 강조하고 있다. 아인슈타인은 일정한 나이에 들어선 이후 독서는 오히려 나의 창의성을 떨어뜨린다고 했다.

1   爲: 하다. 益(익): 늘어 가다.

2   損(손): 줄어들다.

3   又(우): 또. 至: 이르다.

4   於: ~에. 無爲: 잔재주나 꾀를 주리지 않는 상태.

5   無爲: 꾸미지 않으면. 無: 없다. 不爲: 이루지 못함.

6   及: 이르게 된다. 其: 거기에(어조사). 有事: 無爲의 반대로, 일을 꾸미
    는 것.

49장

聖人無常心 以百姓心(성인무상심 이백성심)
THE TAO LEADERS GO BEYOND LINEAR THINKING

聖人無常心(성인무상심)[1] **以百姓心**(이백성심)[2]

성인은 고정된 마음이 없고, 단지 만백성의 마음을 자신의 마음으로 삼는다.

Evolved leaders have no fixed mind, they make the people their mind.

善者吾善之(선자오선지)[3] **不善者吾亦善之**(불선자오역선지)[4] **德善**(덕선)

나는 선한 자를 선하다 하고, 선하지 않은 자 역시 선하다고 하는데, 덕은 선하기 때문이다.

Those who are good I say good; those who are not good I say good as well, because I put trust in the virtue of good.

信者吾信之(신자오신지) **不信者吾亦信之**(불신자오역신지) **德信**(덕신)

나는 믿음이 있는 자를 信이라고 하고, 不信한 자 역시 信이라고 하는데, 德은 信이기 때문이다.

Of those who trust I trust; of those who do not trust, I also trust, because I put virtue in trust.

聖人在天下(성인재천하)⁵ 歙歙爲天下渾其心(흡흡위천하 혼기심)⁶

성인이 천하를 대하는 태도는, 백성들을 분별심 없이 모두 포용해야 하는데,

The evolved leaders in the world, attract the world and merge with people's mind.

百姓皆注其耳目焉(백성개주기이목언)⁷ 聖人皆孩之(성인개 해지)⁸

그렇게 하면 백성들 모두가 눈과 귀를 기울여서, 성인은 백성들을 모두 어린아이와 같이 무지 무욕하게 만든다.

The people all focus their eyes and ears, therefore, evolved leaders make its peoples like infants

49장은 德을 갖춘 지도자는 만사에 집착함이 없이 선과 악이라

는 이분법적 사고에 얽매이지 않으며 늘 열린 마음으로 선과 악을 道의 입장에서 하나로 통합하여 무심의 경지에서 백성들을 보듬어야 한다고 말하고 있다. 어느 날 태조 이성계가 무학대사를 만나서 "오늘 보니 제 눈에는 대사께서 돼지로 보입니다."라고 농을 걸었더니, 무학대사는 "소승의 눈에는 전하가 부처님처럼 보입니다."라고 대답했다. 이에 이성계가 "정말 내가 부처처럼 보입니까?"라고 흐뭇해하며 묻자, 무학대사는 "돼지의 눈에는 돼지밖에 안 보이지요."라고 말했다고 한다. 내가 부처가 되면 모든 것이 부처로 보인다는 진리를 말해 주는 것이다.

---

1   常心: 고정된 마음.

2   以: ~으로.

3   吾: 나는. 善之: 선하다고 하고.

4   亦(역): 또한. 善之: 선하기 때문이다.

5   在: 지도자가 천하를 대하는 태도.

6   歙歙(흡흡): 흡은 백성의 마음을 끌다의 뜻. 渾(혼): 섞다, 귀담아듣다. 其心: 백성들의 마음, 즉 백성들의 마음을 잘 섞어서 귀담아듣는다는 뜻.

7   皆(개): 모두.

8   孩(해): 어린아이.

50장

出生入死(출생입사)

THE ART OF SURVIVAL

出生入死(출생입사)

사람은 출생해서 죽음으로 들어가는데,

As soon as a life born into this world should be destined to death,

生之徒(생지도)[1] 十有三(십유삼)[2] 死之徒(사지도) 十有三
(십유삼)

낳아서 성숙하는 데 십삼 년은 걸리고, 죽음으로 가는 데도 십삼
년은 걸리는데,

Life has thirteen paths, death has thirteen paths,

人之生動之死地(인지생동지사지)[3] 亦十有三(역십유삼)[4]

인생에 살아서의 활동은 사후에도 역시 십삼 년 동안 그대로 지
속된다.

Human life arrives at the realm of death also in thirteen

moves after death.

夫何故(부하고) 以其生(이기생)⁵ 生之厚(생지후)⁶

왜냐하면, 그 사람들이 살아서 행한 모든 행적들은 보이지 않게 차곡차곡 쌓이기 때문이다.

Why is it so? Because the lives they had lived are to be reprinted unknowingly after death.

蓋聞(개문)⁷ 善攝生者(선섭생자) 陸行(육행) 不遇兕虎(불우시호)⁸

내가 듣기로는 명예에 연연치 않고, 섭생을 잘하는 사람은, 육지를 여행해도 코뿔소나 호랑이를 만나는 위험에 빠지지 않고,

Now, as it is well known, those who skilled in attracting life, can travel across the land without endangering themselves into encounter of a rhinoceros or tigers.

入軍(입군) 不被甲兵(불피갑병)⁹

군사의 침입이 있어도 무장한 병사들을 만나지 않는다.

When military comes in, their defense cannot be attacked.

兕無所投其角(시무소투기각)[10] 虎無所措其爪(호무소조기조)[11]

코뿔소가 뿔로 받을 데가 없고, 호랑이가 발톱으로 할퀴어서 상처를 낼 곳도 없으며,

The rhinoceros is without a place to thrust its horn, the tiger is without a place to affix its claw.

兵無所容其刃(병무소용기인)[12]

병사가 그 칼로 벨 상대가 없다.

Military is without a place to admit its blade.

夫何故(부하고) 以其無死地(이기무사지)

왜냐하면, 목숨을 잃을 가능성이 전혀 없기 때문이다.

Why is it so? Because they are without the realm of death.

50장은 자신의 인생을 열정적으로 그리고 진지하게 산 사람은 죽음에 대한 공포가 전혀 없으며, 죽음이란 단지 차원을 달리하는 삶의 연속일 뿐임을 말해 주고 있다. 장자는 죽음에 대해서 "나는 죽음을 가볍게 여기는 것이 아니라 단지 자신의 주위에 늘 안위를 살피고, 화복 간에 안주하며 진실로 목숨을 해치지 않음을 소신으

로 살아간다."라고 했다.

———————

1 徒(도): 진행되어 가다.

2 十有三: 13년 정도.

3 生動之: 살아서의 행동은. 死之: 죽어서도.

4 亦(역): 또한, 역시.

5 以其生: 살아서의 그 행동.

6 厚(후): 차곡차곡 쌓인다.

7 蓋(개): 대개. 聞(문): 듣기로는.

8 遇(우): 만나다. 兕(시): 코뿔소.

9 甲: 군사.

10 投(투): 받다.

11 措(조): 할퀴다. 爪(조): 손톱.

12 容(용): 상대, 형상.

道生之(도생지)

THE TAO CREATES, THE POWER OF ITS CHARACTER

道生之(도생지) 德畜之(덕축지)¹ 物形之(물형지) 勢成之 (세성지)²

도는 만물을 낳고, 덕은 만물을 양육하고, 만물은 형태가 나타나고, 그 질서가 이루어진다.

All actions flow from the Tao, Te(德Character) cultivate them, circumstances complete the order, its influence completes.

是以(시이) 萬物莫不尊道(만물막부존도)³ 而貴德(이귀덕)⁴

그러므로 만물은 도를 존중하지 않을 수 없고, 덕을 귀하게 여기는 것이다.

Therefore, all things respect the Tao, and value the Te.

道之尊(도지존) 德之貴(덕지귀)

도를 존중하고, 덕을 귀하게 여기는 것은,

Respecting the Tao and value the Te,

夫莫之命(부막지명)[5] 以常自然(이상자연)[6]

생각해 보면 누가 시켜서 그렇게 되는 것이 아니라, 늘 그렇게 자연히 되는 것이다.

In fact, no one demands this, and it comes always naturally.

故(고) 道生之(도생지) 德畜之(덕축지)

그래서 그 도가 만물을 낳고 덕이 이를 키우고,

Therefore, the Tao creates and Te cultivates,

長之(장지) 育之(육지) 亭之(정지)[7] 毒之(독지)[8] 養之(양지) 覆之(복지)

이를 신장하고, 양육하고, 멈추게도 하고, 독을 주기도 하고, 영양을 공급하고, 보호한다.

It advances, cultivates, comports, matures, nourishes, and protects.

生而不有(생이불유) 爲而不恃(위이불시)[9] 長而不宰(장이부재)[10]

만물을 낳지만 소유하지 않고, 그렇게 하면서도 뽐내지 않고, 지배자로 자처하지 않는다.

Produce but do not possess, act without expectation, advance without dominating.

是謂玄德(시위현덕)

이러한 것을 현묘한 덕이라 한다.

These are called the subtle virtue.

51장은 10장과 유사한데, 道는 만물을 낳은 주체요 덕은 만물을 생육하게 하니 귀하다고 말한다. 그러나 道는 만물의 창조자이지만 그걸 자신의 소유로 여기지 않는 무소유의 겸허함을 강조하면서 지도자에게 이와 같은 德을 권유하고 있다.

---

1   畜(축): 기르다, 양육하다.

2   勢(세): 질서.

3   莫(막): ~없다. 不尊: 존경하지 않다.

4   而: 그리고.

5   夫: 생각해 보면. 莫: 아니다. 之: 어조사. 命: 명령.

6   以: 그렇게. 常: 되다.

7   亭(정): 곧다, 안정되다.

8   毒(독): 篤(도타울 독)과 같은 뜻, 성숙하게 하다.

9   侍(시): 뽐내다.

10 長: 우두머리. 而: 되어도. 不宰(부재): 부리며 다스리지 않는다.

52장

天下有始 以爲天下母(천하유시 이위천하모)
CULTIVATION OF INSTINCT AND INTUITION

天下有始(천하유시) 以爲天下母(이위천하모)

천지는 시작이 있었는데, 그것을 만물의 어머니라고 한다.

The beginning of the world, may be regarded as Mother of the world.

旣得其母(기득기모)[1] 以知其子(이지기자)

그 어머니를 얻었으니, 또한 그 자식을 알아야 한다.

To apprehend the Mother, know the offspring.

旣知其子(기지기자)[2] 復守其母(복수기모)

그 자녀들을 알고 나서, 또한 어머니를 잘 지키면,

To know the offspring, remain close to the Mother,

沒身不殆(몰신불태)[3]

몸이 다하기까지 위태로움이 없다.

It should not be perilous in himself.

塞其兌(색기태)[4] 閉其門(폐기문) 終身不勤(종신불근)[5]

이목구비를 통한 구멍을 막고, 욕망을 일으키는 문을 닫으면, 몸이 다하기까지 궁색함이 없을 것이다.

Block the passages from outside sense, close the door of concupiscence, we should be diligent and comfortable in work for a life time.

開其兌(개기태) 濟其事(제기사)[6] 終身不救(종신불구)[7]

감정의 구멍을 열어, 일어나는 일에 쫓기다 보면, 종국에 인생은 구제 불능으로 되고 만다.

Open the passages, increase the undertakings, in the end, life will be hopeless.

見小曰明(견소왈명) 守柔曰强(수유왈강)

아주 작은 것을 보는 것을 밝음(明)이라 하고, 약한 것을 지키는 것을 강(强)이라 한다.

To perceive the small is called insight, to remain yielding is called strength.

用其光(용기광)[8] 復歸其明(복귀기명)[9] 無遺身殃(무유신앙)[10]

사람이 영지의 빛을 사용하여, 그 명(明)이 복귀하면, 일신에 재앙이 남는 일이 없다.

If one uses his brightness inherent, one returns to insight, life will be free of misfortune.

是謂習常(시위습상)

이것을 상도에 들어간다고 한다.

This is called learning the Infinite.

52장에서 노자는 인간이 육욕에 빠지는 것을 경계하라고 주문하고 있다. 공자는 나이 70에 인생을 깨달았다고 하는 일화가 남아 있다. 인생은 아홉 개의 구멍을 가지고 태어나는데 두 눈으로 잘 보고, 두 귀로 잘 들으며, 두 코로 냄새를 맡고, 입으로는 진실된 말을 하고, 두 구멍으로는 배설하는 데 막힘이 없다면 그게 바로 인생을 올바로 사는 것이라고 했다.

1 　旣(기): 이미. 其: 그. 母: 어머니.

2 　知其子: 그 아들을 알았으면.

3 　沒身(몰신): 몸이 다하기까지. 殆: 위태롭다.

4 　塞(색): 막다. 兌(태): 감정의 구멍(眼耳鼻舌身意).

5 　不勤(불근): 궁색함이 없다.

6 　濟(제): 成과 같은 뜻으로 일을 마음대로 해 나가다.

7 　不救(불구): 구제 불능.

8 　光: 원래 인간에 내재하는 밝은 빛.

9 　其明: 그 밝음.

10 　遺(유): 남다. 殃(앙): 재앙.

53장

使我介然有知(사아개연유지)

COMPREHEND THE ESSENTIAL NATURE AND WALK THE PATH OF TAO

使我介然有知(사아개연유지)**[1]** 行於大道(행어대도)

나로 하여금 조그만 무위자연의 지혜를 깨닫게 해 주면, 큰 도의 길을 걷게 된다.

If we had the highest wisdom from nature, we would walk the path of Tao.

惟施是畏(유시시외)**[2]** 大道甚夷(대도심이)**[3]** 而民好徑(이민호경)**[4]**

지도자는 사도(邪道: 나쁜 길)에 빠지지 않게 경계해야 하는데, 大道는 아주 평탄하건만, 사람들은 그걸 지나치기를 좋아한다.

The ruler should know of the path with awe, the path of Tao is simple, yet people take many detours.

朝甚除(조심제)**[5]** 田甚蕪(전심무)**[6]** 倉甚虛(창심허)

조정이 너무 거두어들여서, 밭이 아주 황폐해지고, 창고가 텅 비

게 되어도,

Imposing a heavy duty to the people, leaving their fields untilled, and their storehouses empty,

服文彩(복문체)[7] 帶利劍(대이검)[8] 厭飲食(염음식)[9] 財貨有餘(재화유여)

화려한 옷을 입고, 날카로운 칼을 차고, 맛있는 음식을 물리도록 먹고, 재화가 남아돈다.

They wear impressive clothes, brandish sharp swords and weapons, foods and drinks are excessive, and wealth and treasure are hoarded.

是謂盜夸(시위도과)[10] 非道也哉(비도야재)

이런 것을 도둑질한 영화라고 하는데, 그것이 어찌 대도라고 할 수 있겠는가?

This is called stealing and exaggeration, and what a vicious deceitful thievery, isn't that so?

53장은 타락한 지도자들이 국민들에게 가렴주구(苛斂誅求)하며 사치하고 타락하는 정치적 상황을 지적하고 大道의 길로 다스릴 것

을 주문하고 있다. 전 세계 독재자들에게 주는 따끔한 교훈이 아닐
까 한다. 16장에서 왕이 되면 하늘이고 하늘은 곧 道라고 했다.

---

1   使(사): 하게 되다. 介(개): 조그만. 然: 무위자연. 知: 무위의 道를 아
는 것.

2   惟(유): 알다, 생각하다. 施(시): 邪(사)와 같은 뜻으로 나쁜 길. 畏(외):
경계하다.

3   甚(심): 아주. 夷(이): 쉽다, 평탄하다.

4   以: 그러나. 民: 사람들. 好徑(호경): 지름길을 좋아한다.

5   朝: 조정. 甚(심): 심하게. 除(제): 거두어들이다.

6   蕪(무): 황폐하게 되다.

7   彩(채): 화려한.

8   帶(대): 차다. 利劍(이검): 날카로운 칼.

9   厭(염): 물리도록.

10   是謂: 이러한 것을 ~라 이른다. 盜(도): 도둑질. 夸(과): 영화, 호화
로움.

54장

善建者不拔(선건자불발)
ESTABLISHING A UNIVERSAL VIEW

善建者不拔(선건자불발)**1** 善抱者不脫(선포자불탈)**2**

백성들의 의사에 의해서 세워진 지도자는 제거되지 않고, 그가 베푼 덕은 이탈하지 않아서,

What is well founded by righteous way should not be uprooted; what is well grasped virtue will not slip away.

子孫以祭祀不輟(자손이제사불철)**3**

순종하는 백성들의 공경하는 마음이 끊이질 않는다.

Descendants should hold memorial rite so as to dedicate themselves to ancestors without ceasing.

修之於身(수지어신)**4** 其德乃眞(기덕내진)**5**

일신의 마음을 수련하면, 그 덕이 진실해지고,

Cultivate the inner self, its power becomes real,

修之於家(수지어가) 其德乃餘(기덕내여)[6]

가정에 대한 道를 닦고 깨우치면, 덕행(德行)이 가득하고,

Cultivate the community, its power becomes abundant.

修之於鄉(수지어향) 其德乃長(기덕내장)

마을에 대한 道를 닦고 깨우치면, 온 마을에 덕행이 늘어나고,

Cultivate the community, its power becomes greater.

修之於國(수지어국)[7] 其德乃豊(기덕내풍)

나라에 대한 도를 닦고 깨우치면, 그 덕행이 넉넉하고 풍성해진다.

Cultivate the country, its power becomes prolific.

修之於天下(수지어천하) 其德乃普(기덕내보)[8]

천하에 대한 도를 깨우치면, 백성들에게 그가 베푸는 덕이 널리 퍼진다.

Cultivate the world, its power becomes universal to the people.

故以身觀身(고이신관신)[9] 以家觀家(이가관가)[10]

그래서 스스로 체득한 도로 자신을 관찰해야 하고, 남의 가정을

살피듯이 내 가정을 살펴야 하며,

In this way, you should know how the moral virtue is so important to see your inner−self, know how important to look into your family as much as to any given family.

以鄕觀鄕(이향관향) 以國觀國(이국관국)[11]

남의 동네를 지켜보는 것처럼 내 동네도 잘 살펴야 하며, 다른 나라의 국가관을 참작해서, 올바른 국가관으로 국정을 잘 살펴야,

In recognition of the village community life, it should be possible to know well the other country life,

以天下觀天下(이천하관천하)[12]

도를 통해서 얻은 천하관으로 천하의 실정을 관찰할 수 있다.

Through the cultivated world view, it should be possible to conceive the world.

吾何以知天下然哉(오하이지천하연재)[13] 以此(이차)

내가 어떻게 천하가 따라 줄지를 아느냐? 이와 같기 때문이다.

How do I know the world? That is because through this (Tao).

54장은 21장과 유사한 면이 있는데, 21장이 道에 대한 총론이라면 54장은 각론에 해당한다.

---

1   善建(선건): 잘 세워진. 者: 지도자.

2   善抱者: 덕이 있어 남을 잘 포용하는 지도자의 덕.

3   子孫: 후세들. 祭祀(제사): 자손들이 선조에게 드리는 제사. 輟(철): 그칠 철.

4   修: 수련하다. 之: ~의. 於: ~을. 身: 마음, 성품.

5   乃(내): 그것이(앞의 그 德을 받음).

6   餘(여): 넉넉하다, 가득하다.

7   邦(방): 나라.

8   普(보): 널리 퍼지다.

9   故以: 고로 이처럼. 身: 다른 사람. 觀: 관찰하다. 身: 자신.

10   家: 남의 집. 觀: 관찰하다. 家: 나의 집.

11   國觀國: 앞의 國은 남의 나라의 국가관, 觀은 관찰하다, 뒤의 國은 내 나라.

12   앞의 天下는 잘 성숙된 천하관, 뒤의 天下는 내 나라의 백성들.

13   然: 따르다. 哉: 의문 조사.

55장

含德之後 比於赤者(함덕지후 비어적자)
THE POWER IN NOT CONTENDING

含德之厚(함덕지후)¹ 比於赤者(비어적자)²

덕을 마음 깊이 간직한 사람은, 마치 어린아이와 비교할 수 있다.

A man with virtue, could be compared with a newborn child.

毒蟲不螫(독충불석)³ 猛獸不據(맹수불거)⁴ 攫鳥不搏(확조
불박)⁵

벌이나 뱀도 그를 쏘지 못하고, 맹수도 잡지 못하고, 날새도 잡
지 못한다.

Poisonous insects do not sting it, fierce beasts do not seize it,
birds of prey do not strike it.

骨弱筋柔(골약근유) 而握固(이악고)⁶

뼈는 약하고 근육은 부드러우나, 쥐는 손아귀의 힘은 강하다.

Its bone is weak, its muscles are relaxed, and yet its grip is
strong.

未知牝牡之合(미지빈모지합)[7] 而全作(이전작)[8] 精之至也
(정지지야)

비록 남녀의 교합을 모르지만, 성기가 발기된 것은, 정기가 완전
하기 때문이며,

Unable to know the union of male and female, yet its virility
is active.

終日號而不嗄(종일호이불사)[9] 和之至也(화지지야)[10]

어린아이가 하루 종일 울어도 목이 쉬지 않는 것은, 음양의 조화
가 완전하기 때문이다.

It can scream all day, yet it does not become hoarse, its
harmony is at its greatest.

知和日常(지화왈상)[11] 知常日明(지상왈명)[12]

조화를 아는 것을 참이라 하고, 참을 아는 것을 明이라 한다.

To know harmony is called the Infinite, to know the infinite
is called insight.

益生日祥(익생왈상)[13] 心使日强(심사왈강)[14]

억지로 오래 살려고 하면 재앙이고, 마음으로 억지를 쓰는 것을

강하다고 하지만,

To enhance life is called propitious but inauspicious, to be conscious of influence is called strength.

物壯則老(물장즉노)[15] 謂之不道(위지부도)[16]

강한 것은 곧 쇄하게 되는데, 이런 것을 소위 도가 균형을 잃었다고 한다.

Things overgrown must decline, this is called Tao of lost balance.

不道早已(부도조이)

도가 균형을 잃으면 곧 끝나 버린다.

Tao of lost balance will soon end.

노자는 무욕(無慾)의 존재를 어린아이에 비유하는데, 곧 德을 가진 인간이다. 55장은 무위자연인 道의 속성을 저버리고 힘과 의지로만 모든 일을 추진하려는 인간의 지나친 탐욕에 대한 경고이면서 만물은 지나치게 강하면 결국 종말을 고한다는 교훈을 주고 있다.

1 含: 간직하다. 厚(후): 깊이, 넉넉하게.

2 赤子: 어린아이.

3 毒(독): 벌. 螫(석): 쏘다.

4 據(거): 붙잡다.

5 攫鳥(확조): 날새. 搏(박): 치다.

6 以: ~이지만. 握(악): 악착스럽다. 固(고): 잡으려고 하는.

7 未: 아직. 牝(빈):암컷. 牡(모):수컷. 而:이지만.

8 作: 작은 성기의 발기를 뜻함.

9 號(호): 울 호. 不嗄(불사): 목이 쉬지 않는다.

10 和之至: 음양이 잘 조화되어 있는.

11 知之: 조화를 잘 시키는 것. 常: 참(道).

12 知常: 참을 아는 것. 明: 밝은 지혜.

13 益(익): 억지로. 祥(상): '상스러운' 또는 '불길한'의 의미로 쓰인다.

14 使: 억지로 쓰다.

15 物: 사물. 壯(장): 여기서는 强의 뜻. 老: 쇠하다.

16 謂之: 소위. 不道: 道가 균형을 잃은 것.

56장

知者不言(지자불언)
THE POWER OF SILENCE

知者不言(지자불언) 言者不知(언자부지)

진실로 아는 자는 말이 없고, 말하는 자는 알지 못한다.

Those who know do not speak, those who speak do not know.

塞其兌(색기태)[1] 閉其門(폐기문) [2]

욕망의 문(눈·코·입·귀)을 닫으면, 정욕의 문을 닫게 된다.

Block the passages of senses, close the door for sexual urge.

挫其銳(좌기예)[3] 解其粉(해기분)[4] 和其光(화기광)[5] 同其塵(동기진)[6]

날카로움을 무디게 하고, 얽힌 마음을 풀며, 조화로움으로 세상에 빛을 발하게 하면, 속세에서도 동일하게 빛을 발한다.

Focus your senses, untangle the problems, balance sunlight and shadows, it should illuminate the secular world.

是謂玄同(시위현동)⁷

이런 것을 도와의 현묘한 합일이라고 한다.

This is called profound, exquisite phenomena congruent to
the path of Heaven and Earth.

故不可得而親(고불가득이친)⁸ 不可得而疎(불가득이소)⁹

그런데 그 깨달음은 집착한다고 얻을 수 있는 것도 아니며, 소홀
히 여긴다고 얻을 것도 아니고,

Therefore, it cannot be gained through attachment; it cannot
be gained through detachment,

不可得而利(불가득이이) 不可得以害(불가득이해)

이익을 취한다고 얻을 수 있는 것도 아니며, 불이익을 당한다고
얻는 것도 아니다.

It cannot be gained through advantage; it cannot be gained
through disadvantage.

不可得而貴(불가득이귀) 不可得而賤(불가득이천)

귀하게 여긴다고 얻을 수 있는 것도 아니며, 천하게 여긴다고 얻
을 수 있는 것도 아니다.

It cannot be gained through esteem; it cannot be gained through humility.

故爲天下貴(고위천하귀)

그러므로 이 세상에서 가장 귀하다.

Therefore, it is the treasure of the world.

56장은 4장과 유사한데, 노자는 여기서 다시 한번 道의 심오함을 강조하고 있다.

1 　塞(색): 막다. 其: 그. 兌(태): 耳目口鼻를 태라고 한다.

2 　閉(폐): 닫다. 門: 정욕의 문.

3 　挫(좌): 억누르다. 銳(예): 꺾다.

4 　解: 풀다. 紛(분): 어지러운 마음.

5 　和: 조화로움. 光: 빛을 발하다.

6 　同: 마찬가지로 빛을 발한다. 塵(진): 티끌, 즉 속세를 말함.

7 　玄同: 현묘한 합일.

8 　以親: 집착한다고.

9 　以疎(이소): 소홀히 한다고.

57장

以政治國(이정치국)

THE POWER OF NON-ACTION

以政治國(이정치국)[1] 以奇用兵(이기용병)[2]

정도로 나라를 다스리고, 군사를 동원할 때는 기묘한 방법으로 해야 하는데,

Lead the nation with correctness, military soldiers should be mobilized on a need-to-know basis.

以無事取天下(이무사취천하)[3]

무위 무사로 천하를 지배한다.

Take hold of the world with the casual process of natural truth.

吾何以知其然哉(오하이지기연재)[4] 以此(이차)[5]

내가 그런 것을 어떻게 아는가 하면, 무위자연의 도에 의존해서 알 수 있다.

How should I know it is so? Through this:

天下多忌諱(천하다기휘)⁶ 而民彌貧(이민미빈)⁷

세상에는 규율이 수없이 많은데, 백성들은 점점 가난해지고,

Too many prohibitions in the world, and people suffer gradually poor life,

民多利器(민다리기)⁸ 國家滋昏(국가자혼) ⁹

백성들을 사사로운 도구로 쓰면, 나라는 더욱 혼란해진다.

If the leader takes advantage of the people for his personal benefits, the nation grows confused.

人多技巧(인다기교) 奇物滋起 (기물자기)¹⁰

백성에게 기교를 부리면, 괴상한 일이 자주 일어나고,

Too much cunning strategy among people, strange things start to happen.

法令滋彰(법영자창)¹¹ 盜賊多有(도적다유)

법령이 늘어나고 자세히 정비될수록, 도둑은 더욱 늘어난다.

The more rules and restrictions, the more criminals emerge.

故聖人云(고성인운)

고로 성인이 말하기를,

Therefore, evolved persons say:

我無爲(아무위) 而民自化(이민자화)12 我好靜(아호정) 而民自正(이민자정)13

내가 무위자연의 태도로 살아가면 백성들은 교화되고, 내가 고요하기를 좋아하면 백성들은 공정해진다.

If the leader does not give orders, people lead themselves; If the leader looks to refined tranquility, people will be naturally correct.

我無事(아무사) 而民自富(이민자부) 我無慾(아무욕) 而民自樸(이민자박)

내가 사심이 없으면, 백성은 자연히 넉넉해지고, 내가 욕심이 없으면, 백성은 자연히 순박하게 된다.

Without vicious tricks for selfish interest, people prosper; free from avarice, people enjoy simple and modest life.

57장은 당시 중국이 전국시대로 들어서면서 수많은 군웅들이 난무해서 한 치 앞을 내다볼 수 없는 미증유의 난세를 비판적인 시각으로 바라보면서 주나라를 등지고 서쪽으로 떠날 때 노자가 제왕들에게 남긴 잠언이라고 볼 수 있다.

---

1   以: ~하면.

2   奇(기): 기묘한 방법. 用兵: 군대를 동원하는 것.

3   取(취): 다스리다.

4   何(하): 어떻게. 以: ~이다. 然: 당연히. 哉: 아느냐?

5   以此(이차): 위의 무사 무위를 뜻함.

6   忌諱(기휘): 법령.

7   以: ~은. 民: 백성. 彌(미): 점점. 貧: 가난해지다.

8   多: 부리다. 利: 사사로운. 器: 도구.

9   滋(자): 점점 더. 昏(혼): 혼란해지다.

10   奇物(기물): 괴상한 일. 滋起(자기): 자주 일어나다.

11   滋(자): 늘어나다. 彰(창): 정비되다.

12   以: ~되다. 民: 백성. 自化: 저절로 교화된다.

13   正: 바르게 살아가다.

58장

其政悶悶(기정민민)

REMAINING ON THE CENTER

其政悶悶(기정민민)[1] 其民淳淳(기민순순)

지도자가 최선을 다해서 고민하고 노력하면, 그 백성들은 순박
해진다.

If a ruler govern the people in accord with the asamskrta(무위),
the people should behave and peaceful in mind.

其政察察(기정찰찰)[2] 其民缺缺(기민결결)[3]

정치가 까다로우면, 백성의 순박함은 상실된다.

If the administration is exacting, the people become
judgemental.

禍兮福之所倚(화혜복지소의)[4] 福兮禍之所伏(복혜화지소
복)[5]

화라는 것은 복이 의지하는 곳이고, 복이란 화가 잠복하고 있는
곳인데,

Misfortune inherent in good fortune, good fortune hides within misfortune,

孰知其極(숙지기극)[6] 其無政(기무정)[7]

그러나 그 깊은 뜻을 누가 알겠는가? 거기에는 정답이 없다.

Who knows what lies beneath the surface? There are no clear answers.

政復爲奇(정복위기)[8] 善復爲妖(선복위요)[9]

정상적이 것이 반대로 비정상이 될 수도 있고, 훌륭하다고 하던 것이 반대로 요상하게 될 수도 있다.

Order can revert to the unusual, good can revert to abnormal,

仁之迷(인지미) 其日固久(기일고구)[10]

인간은 미혹해서, 지금의 일이 오랫동안 갈 것처럼 생각한다.

People have long been confused about causation and believe it will last for long,

是以聖人(시이성인) 方而不割(방이불할)[11]

그래서 성인은, 자신이 방정하다고 남을 같은 잣대로 단정 짓지

않고,

Therefore, evolved persons are not judgmental of others as straightforward as he is,

廉而不劌(염이불귀)[12] 直而不肆(직이불사)[13] 光而不耀(광이불요)[14]

자신이 청렴하다고 남을 깎아내리지 않으며, 자신이 강직하다고 자기 멋대로 하지 않고, 자신이 영광스러워도 티 내지 않는다.

Judge but not judgmental, honest but not act wantonly, bright but not flamboyant.

58장은 德을 갖춘 지도자가 지켜야 할 필수 덕목을 논술한 것인데, 만물을 늘 상대적인 관점에서 관조할 것을 주문하면서 중용의 덕을 강조하고 있다.

---

1   其: 그. 政: 정치. 悶: 고민하다. 悶: 괴로워하다(앞의 '민'을 강조함의 뜻).

2   察察(찰찰): 아주 까다롭게 하다.

3   缺缺(결결): 무엇이 망가진 모양.

4   兮: ~라는 것은. 倚(의): 의지하다.

5   伏(복): 잠복하다.

6   孰(숙): 어느 누가. 極(극): 깊은 뜻.

7   正: 정답.

8   復: 반대로. 爲: 되다. 奇: 기이하게.

9   善: 훌륭하다.

10   其日: 지금의 일.

11   方: 방정함. 割(할): 남의 가슴을 베다, 즉 남을 단죄하다.

12   廉(렴): 청념함. 劇(귀): 깎아내리다.

13   直: 강직하다, 肆(사): 방자함.

14   耀(요): 빛날 요, 자랑하다.

59장

治人事天莫如嗇(치인사천막여색)

PRACTICING DETACHMENT, TRANSCENDING EGO

治人事天(치인사천) 莫如嗇(막여색)**¹**

인간을 다스리고 하늘을 섬기는 데는, 자신을 객관화하는 것만
한 게 없다.

In leading people and serving universe, there is nothing better
than detachment.

夫唯嗇(부유색) 是謂早服(시위조복)**²**

생각하건대 오로지 객관화한다는 것은, 일찍이 도에 복귀함을
뜻한다.

Indeed, detachment means transcending ego, by yielding
himself early and returning to Tao.

早服謂之(조복위지) 重積德(중적덕)**³**

일찍 도에 복귀한다는 것은, 덕을 계속 쌓는 것이라고 한다.

Yielding early to Tao, means building character.

重積德(중적덕) 則無不克(즉무불극)[4]

덕을 계속 쌓아 가면, 불가능한 일이 없는 법인데,

With strength of character(virtue), nothing is impossible,

無不克(무불극)[5] 則莫知其極(즉막지기극) [6]

불가능한 일이 없다는 것은, 능력의 한계가 없다는 것이다.

When nothing is impossible, one knows no limit.

莫之其極(막지기극) 可以有國(가이유국)

능력의 한계가 없다면, 나라를 얻는 것이 가능해지고,

When our heart expands to embrace the impossible, we are able to lead a country with Tao.

有國之母(유국지모)[7] 可以長久(가이장구)

나라를 지탱하는 어머니, 즉 덕은 나라를 오래가게 할 수 있다.

An organization that possesses the Mother, can endure and advance.

是謂深根固柢(시위심근고저)[8] 長生久視之道(장생구시지도)[9]

이런 것을 뿌리가 깊고 튼튼하여, 장생불사하는 길이라 한다.

This means deep roots and firm foundation, last long through observation of the Tao.

59장은 58장의 연장선상에서 德이 지도자에게 얼마나 중요한 덕목인지를 다시 한번 강조하고 그런 후덕한 지도자가 만든 국가는 영구하다는 진리를 갈파하고 있다.

---

1   莫(막): ~만한 것이 없다. 嗇(색): '인색할 색' 자로 자신을 내려놓는 것, 즉 객관화하는 것.

2   부服: 일찍이 도에 복귀하다.

3   重: 계속해서. 積德: 덕을 쌓아 가다.

4   則(즉): ~하는 법이다.

5   不克: 극복하지 못할.

6   知: 능력. 其: 그. 極(극): 한계.

7   有: 지탱하다. 母: 어머니(德), 가이아(Gaia, 대지의 신).

8   是謂: 이런 것을 소위 ~라 한다. 深(심): 오묘한. 根: 근본. 固: 튼튼한. 柢(저): 바탕.

9   久: 오래. 視(시): 活(활)과 같은 뜻으로 '살다, 유지하다'의 뜻.

60장

治大國 若烹小鮮(치대국 약팽소선)

REDIRECTING ENERGY

治大國(치대국) 若烹小鮮(약팽소선)[1]

큰 나라를 다스리는 것은, 마치 작은 생선을 찌는 것과 같이 해야 한다.

Leading a large organization is like cooking a small fish.

以道莅天下(이도리천하)[2] 其鬼不神(기귀불신)[3]

도로써 천하에 임하면, 귀신이 신통력을 부리지 못한다.

If Tao is present in the world, the ghost/demon could not be holy spirit of a person.

非其鬼不神(비기귀불신) 其神不傷人(기신불상인)

귀신이 신통력을 부리지 못하면, 그 귀신은 사람을 해치지 못한다.

Because non-ghost should not be holy spirit of a person, the ghosts do no harm the people.

非其神不傷人(비기신불상인) **聖人亦不傷人**(성인역불상인)

신령한 기운이 없는 귀신은 사람을 해치지 못하는데, 성인 역시 백성을 근심하지 않게 해 준다.

If it should not be the holy spirit, it could not cause harm to the people, likewise Tao leader should not cause harm to the people.

夫兩不相傷(부양불상상)[4] **故德交歸焉**(고덕교귀언)[5]

생각해 보면 둘(귀신과 무위자연의 신통력) 다 해치지 않게 되니, 덕행이 국민들에게 쉽게 돌아가게 해 준다.

Since together no harm is done, and the power of virtue returns to the people.

60장은 德을 쌓은 지도자는 잔재주를 부리지 않고 道에 따라서 선정을 베풀기 때문에 어떤 신통력도 해를 가할 수 없으며 백성들은 태평성대를 누릴 수 있다는 내용이다. 신통력이란 송나라 때 유학자인 주자에 의하면 氣의 변화 과정이므로 음양의 다른 이름에 불과하다. 인간 역시 음양의 화합으로 이루어졌기 때문에 음양의 법칙, 즉 무위자연의 원리를 따르는 지도자는 무리 없이 德으로 통치한다는 노자의 이상적인 지도자상을 요약했다고 할 수 있다.

---

1   若(약): ~같다. 烹(팽): 삶다.

2   莅(리): 임하다.

3   鬼: 귀신. 不神: 신통력을 못 부리다.

4   夫: 생각해 보면. 兩: 둘 다. 不: 아니하다. 相傷(상상): 서로 해치다.

5   故: 고로. 交: 쉽게. 歸: 돌아오다. 焉(언): 말 맺는 어조사.

61장

大國者下流(대국자하류)
THE POWER OF MODESTY

大國者下流(대국자하류) 天下之交(천하지교)[1]

대국은 마치 흐르는 강물의 하류와 같이, 천하 만물이 만나는 곳이니

The great country is like the downstream of a great river, is to intersect with the world,

天下之牝(천하지빈)[2]

천하의 여성이라고 한다.

It is the female of the world.

牝常以靜勝牡(빈상이정승모)[3] 以靜爲下(이정위하)

여성은 늘 고요함으로 남성을 이기고, 고요함으로 자신을 낮춘다.

The female always overcomes the male by stillness, through stillness, she makes herself low.

故大國以下小國(고대국이하소국) 則取小國(즉취소국)[4]

그래서 대국은 소국들에게 낮춤으로써, 소국들로부터 덕을 보는 것이고,

Thus, if a great country stays lower than the small country, it receives respect from small country,

小國以下大國(소국이하대국) 則取大國(즉취대국)

소국은 대국에게 낮추기 때문에, 대국으로부터 덕을 보는 것이다.

Since a small country stay lower than the great country, it receives protection from the great country.

故或下以取(고혹하이취)[5] 或下而取(혹하이취)[6]

그래서 혹은 대국이 소국에게 겸허하여 소국으로부터 신뢰를 얻기도 하고, 또는 소국이 자신을 낮추어서 득을 모기도 한다.

Therefore, one receives by becoming low; another receives by being low.

大國不過慾(대국불과욕) 兼畜人(겸축인)[7]

그래서 대국이 욕심을 부리지 않고, 백성을 잘 봉양하길 원하고,

The great country desires to unite and support the people,

小國不過(소국불과) 入事人(입사인)[8]

소국도 욕심을 부리지 않고, 백성을 돌보는 데 몰입하려고 한다.

And the small country also desires to join the nation and serve the people.

夫兩者各得其所欲(부양자각득기소욕)

그러므로 양자가 각기 그들이 원하는 것을 얻으려면,

So, for both to gain the optimal outcome they want,

大者宜爲下(대자의위하)[9]

대국이 마땅히 겸허해야 한다.

The great country should place itself low.

춘추 시대에 전국칠웅 중 위나라와 제나라, 진나라, 초나라, 월나라, 오나라 등은 시들어 가는 주나라의 절대적인 패권을 쥐기 위해서 치열한 전투를 벌이면서 수십만 명씩 떼죽음을 당하는 약육강식의 혼란기였다. 그렇게 혼탁했던 전국시대를 목도한 노자는 인간에 대한 연민의 정을 느끼면서 지도자들에게 좋은 정치란 무엇인가를 일깨워 주었다. 그 덕분에 전국시대로 접어들면서 전화위복으로 제자백가와 같은 쟁쟁한 사상가들이 등장하고, 중국 문화는 최초의 개화기를 맞이하게 되었다.

---

1   之: 장소를 가리키는 조사. 交: 만나는.

2   牝(빈): 여성은 牝이나 雌(자)로 표현하고, 남성은 牡(모) 혹은 雄(웅)으로 표현한다.

3   以靜(이정): 고요함으로. 爲: 하다. 下: 낮추다.

4   則(즉): 곧 즉. 取: 득을 보다, 취하다.

5   故: 그래서. 或(혹): 간혹. 下以: 대국이 낮추어서. 取: 득을 보다.

6   而: 하고도.

7   兼(겸): 겸양, 순종하다. 畜(축): 봉양하다. 人: 백성.

8   入: 몰두하다. 事: 섬기는 일. 人: 백성.

9   大者: 대국을 통치하는 자. 宜(의): 마땅히. 爲: 정치를 하다. 下: 백성.

62장

道者 萬物之奧(도자 만물지오)

THE TAO IS THE SOURCE OF TEN THOUSAND THINGS

道者(도자)[1] 萬物之奧(만물지오)[2]

도는 만물의 근원이다.

The Tao is the source of thousands of things.

善人之寶(선인지보) 不善人所保(불선인소보)[3]

선한 사람에게는 보배이고, 선하지 않은 사람은 그저 지니고 있는 것이다.

The good person's treasure, the lesser one's salvation.

美言可以市(미언가이시)[4] 尊行可以加人(존행가이가인)[5]

훌륭한 행동은 사람들로부터 존경을 받는다.

Honor can be bought with fine words; good conducts bring everyone's personal growth.

人之不善(인지불선) 何棄之有(하기지유)[6]

선하지 못한 사람이라고, 어찌 버릴 수 있겠느냐?

If some are not good, how waste them?

故立天子(고입천자) 置三公 (치삼공)

그러므로 제왕을 세워서, 3공을 둘 때는,

In this way, when the emperor is established, the three officials are installed.

雖有拱璧(수유공벽)⁷ 以先駟馬(이선사마)

비록 옥띠를 두르고, 네 마리가 끄는 수레를 앞세우고 있어도,

And although with the large jade disc, is preceded by four horse chariots,

不如坐進(불여좌진)⁸ 此道(차도)⁹

앉아서 이 도를 나아가게 하는 것만 못하다.

This is not as good as sitting, advancing in the Tao.

故之所以貴此道者(고지소이귀차도자)¹⁰

그래서 옛날부터 이러한 도를 중히 여기라 한 것이 아니겠는가?

The reason why treasure Tao in ancient times,

何不日以求得(하부왈이구득)[11] 有罪以免邪(유죄이면사)[12]

구하면 얻고, 죄가 있으면 면한다고 하지 않았느냐?

Didn't they say seek it and it is attained; possess faults and they are released?

故爲天下貴(고위천하귀)

그래서 도는 천하에 가장 소중한 것이라고 하는 것이다.

Therefore, it is called the treasure of the world.

62장에서 노자는 道란 가장 깊숙한 곳에 감추어져 있는 것인데, 선한 사람에게는 보배이면서 또한 선하지 않은 사람에게도 보배라고 말하면서 道는 심지어 죄인까지도 스스로 용서할 수 있다는 道의 무차별성을 강조하고 있다. 기독교에서 이 세상은 신의 섭리에 의해서 창조되고 보존된다는 것인데, 그리스어로 오이코노미아(oikonomia), 즉 '구속경륜'이라고 말한다. 그런데 노자는 이 세상은 道에 의해서 창조되었고 道가 인간의 죄도 주관한다고 말한다. 예수님도 원수를 사랑하라고 말했다.

1 者: 존재.

2 之: ~의. 奧(오): 깊이 숨겨진 근본.

3 保: 보존하다.

4 市: 팔리다, 전해지다, 받다.

5 善: 진실한. 可: 가능하게 하다. 加: 이롭게 하다, 베풀다.

6 棄(기): 버리다. 之: 어조사. 有: 선택하다.

7 雖(수): 비록. 有: 취하다. 拱(공): 아름 공(장식하다). 璧(벽): 옥이 박힌 띠.

8 不如: ~만 못하다. 坐進(좌진): 앉아서 나아가다.

9 此道(차도): 이러한 도.

10 故: 예부터. 所: 말한 바. 以: ~라고. 貴: 귀하게 여기다.

11 何: 어떻게. 不: 아니라고. 曰: 말하다. 以: ~이라고. 求: 구하다. 得: 이득.

12 邪(사): 죄.

63장

爲無爲 事無事(위무위 사무사)
THE PATH OF LEAST RESISTANCE

爲無爲(위무위)**1** 事無事(사무사)**2**

거짓 없이 다스리고, 일을 해도 자랑하지 말며,

All things should be produced true to nature, work without savoring,

味無味(미무미)**3** 大小多少(대소다소)**4**

성취하고자 하는 욕심이 없는 마음을 갖고, 작은 것을 관심 있게 확대해 보며 부족한 것을 늘리고,

Natural tendency should be without greed, magnify the small, increase the few,

報怨以德(보원이덕)

원한을 덕으로 보답한다.

Repay ill-will with the virtue.

圖難於其易(도난어기이)[5] 爲大於其細(위대어기세)[6]

어려운 일은 반드시 쉬울 때 도모하고, 큰일은 사소한 데서부터 행한다.

Plan the difficult when it is easy, handle the big where it is small.

天下難事(천하난사) 必作於易(필작어이)

천하의 어려운 일은, 반드시 쉬운 데서 일어나고,

The world's hardest work, begins when it was easy,

是以聖人(시이성인) 終不爲大(종불위대)

그래서 성인은, 결코 끝까지 위대해지려고 하지 않기에,

Therefore, evolved persons have no ambition for the greatness,

故能成其大(고능성기대)

그렇기 때문에 큰일을 성취할 수 있는 것이다.

And in that way the great thing is achieved.

夫輕諾必寡信(부경낙필과신)[7] 多易必多難(다이필다난)[8]

대체로 경솔한 행동은 필히 신뢰도가 낮고, 쉬운 것이 많으면 필

히 어려운 문제가 따르기 마련이다.

Those who commit easily inspire little trust, too much easiness should be accompanied by harsh troubles.

是以聖人(시이성인) 猶難之 (유난지)[9]

그래서 성인은, 오히려 어렵다고 보는 것이다.

Therefore, evolved persons view all as difficult.

故終無難矣(고종무난의)[10]

고로 실제로는 어려움을 겪지 않는다.

For this reason, they actually have no harsh problems in the end.

『시경』에는 만사에 "두려워하고 삼가기를, 못가에 서 있듯, 얇은 얼음을 밟고 가듯 하라"고 했다. 63장은 노자의 인생철학을 집대성한 구절로, 만사에 큰일을 벌이려고 만용을 부리지 말 것과 사소한 일이라고 결코 경솔하게 다루지 말 것을 당부한다. 초고속 시대의 현대인들에게 주는 경고가 아닐까?

1 爲: 행하다. 無: 없이. 爲: 거짓.

2 事: 일을 하다. 事: 자랑하다.

3 味: 생각을 품다. 無: 없이. 味: 뜻은 이루고자 하는 의지.

4 大: 크게 보다. 小: 작은 일. 多: 늘리다. 少: 부족한 것.

5 圖(도): 도모하다. 難(난): 어려운 일. 於: 때. 其: 그. 易(이): 쉬운.

6 爲: 행하다. 大: 큰일. 於: ~에 대해서. 其: 그. 細(세): 사소한.

7 夫: 대체로. 輕諾(경락): 경솔한 판단. 寡(과): 적다, 낮다. 信: 신뢰도.

8 多易: 쉬운 것이 많다.

9 猶(유): 오히려. 難(난): 어렵게. 之: 말 마침 어조사.

10 終: 결국에는, 실제로는. 無難: 어려움이 없다. 矣(의): 말 마침 어조사.

64장

其安易持(기안이지)
FINDING STEPPING STONES

其安易持(기안이지) 其未兆易謀(기미조이모)

안정된 것은 유지하기 쉽고, 조짐이 나타나지 않은 것은 도모하기 쉬우며,

What is at rest is easy to hold, what is not yet begun is easy to plan,

其脆易泮(기취이반)[1] 其微易散(기미이산)

무른 것은 녹이기 쉽고, 미세한 것은 흐트러지기 쉽다.

What is fragile is easy to melt, what is minute is easy to disperse.

爲之於未有(위지어미유)[2] 治之於未亂(치지어미란)[3]

일은 발생하기 전에 처리하고, 지도자는 나라가 어지럽기 전에 잘 다스린다.

Deal with things before they emerge, leaders should put the

country in order before turmoil kicks in.

合抱之木(합포지목)[4] 生於毫末(생어호말)[5]

한 아름 되는 나무도, 연한 치묘(稚苗)에서 생기고,

A tree that grows beyond you reach, spring from a tiny seed,

九層之臺起於累土(구층지대기어루토)

높은 누대도 흙을 거듭 쌓아서 세워지며,

A tower of nine stories is raised from a small mound of earth.

千里之行(천리지행) 始於足下(시어족하)

천 리 길도 한 걸음에서 시작된다.

A journey of thousand miles begins with a single step.

爲者敗之(위자패지) 執者失之(집자실지)

일을 억지로 꾸며서 하는 자는 실패하고, 잡으려는 자는 잃는다.

Those who act willingly on things would fail, those who seize them would lose.

是以聖人(시이성인) 無爲(무위) 故無敗(고무패) 無執故無失(무집고무실)[6]

그래서 성인은, 거짓으로 행하지 않아서, 실패하지 않고, 집착함이 없으니 잃지 않는다.

Therefore, wise masters do not use false tricks, hence they lose nothing.

民之從事(민지종사)[7] 常於幾成(상어기성)[8] 而敗之(이패지)

백성을 동원해서 일을 하다가, 업적을 다 이루게 되어 가다가, 실패한다.

Those who mobilize the people for building things, often spoil at the end stage before completion, fall apart.

愼終如始(신종여시)[9] 則無敗事(즉무패사)

그러나 조심하기를 처음 시작할 때처럼 하면, 그런 경우는 일을 실패할 수가 없다.

However, with care at the end as well as the beginning, there is no failure.

是以聖人(시이성인) 欲不欲 (욕불욕)[10]

그래서 성인은 욕심을 부리지 않기를 원하고,

Therefore, the Tao leader desire to be desireless,

不貴亂得之貨(불귀난득지화) 學不學(학불학)[11]

얻기 힘든 재화를 귀하게 여기지 않으며, 백성이 배우지 못한 것을 가르쳐 주며,

And do not treasure goods that are hard to get, they teach the people who do not have knowledge,

復衆人之所過(복중인지소과)[12]

그래서 대중의 잘못된 것을 회복하게 해 준다.

Thus, returning to the place where the collective mind passes.

以輔萬物之自然(이보만물지자연)[13] 以不敢爲(이불감위)[14]

만사가 자연 그대로 지탱되도록 도우면서, 감히 거짓을 행하지 않는다.

In this way, they guide all things naturally go around, without venturing to act.

64장은 63장과 더불어 지도자가 지켜야 할 필수 덕목을 나열하고, 늘 국민을 혹사시키지 말 것을 당부하며 국가의 기강을 바로 세우는 데 지도자가 먼저 검약할 것을 주문하고 있다. 道人의 경지

란 자신의 욕망이 안팎으로 비어 있을 때를 말한다. 노자는 못된 지도자에게 계속적으로 그 당위성을 지적하고 있다.

---

1 脆(취): 무른 것. 泮(반): 녹이다. 微(미): 미세한 것.

2 爲: 처리하다. 於: ~ 중에 있는. 未有: 현상으로 존재하기 전.

3 未亂: 어지럽기 전.

4 合抱(합포): 한 아름.

5 毫末(호말): 털끝같이 가느다란 시초.

6 無執: 집착함이 없다. 無故失: 잃을 것이 없다.

7 民: 백성. 之: ~을. 從: 시키다. 事: 일.

8 常: 되어 가다. 幾: 기미. 成: 다 이루다.

9 愼(신): 조심하다. 終: 끝마칠 때. 如: 마치 ~와 같이. 始: 시작할 때.

10 欲: 원하다. 不欲: 욕심을 갖지 않는 것.

11 學: 가르쳐 주다. 不學: 학문이 없는 사람.

12 復: 회복시켜 주다. 衆人: 대중. 所過: 도를 넘는 것.

13 以: 되도록. 輔(보): 돕다.

14 不敢(불감): 감히 ~않다. 爲: 거짓.

65장

古之善爲道者(고지선위도자)
TOO MUCH CLEVERNESS UNDERMINES GROUP HARMONY

古之善爲道者(고지선위도자)[1] 非以明民(비이명민)[2]

옛날에 道를 터득한 자는, 백성을 총명하게 하려 하지 않고,

The ancient leaders who followed the Tao, do not give people elaborate strategies.

將以愚之(장이우지)[3]

오로지 우직하게 다스렸다.

They held to simple practice.

民之難治以(민지난치이) 其智多(기지다)

백성을 다스리기가 힘든 것은, 그들이 지혜가 너무 많기 때문이다

People are difficult to lead, because they are too clever.

故以智治國(고이지치국)[4] 國之賊(국지적)[5]

그러므로 지혜로써 나라를 다스리는 것은, 나라에 해가 되고,

Therefore, to lead the country with cleverness, will harm the country,

不以智治國(불이지치국)[6] 國之福(국지복)[7]

계략으로 나라를 다스리지 않는 것은, 오히려 나라가 복을 받게 되기 때문이다.

To lead the country without cleverness, will benefit the country.

知此兩者(지차양자) 赤稽式(적계식)[8]

그런데 이 두 가지를 깨우친 사람은, 오직 이 제도를 잘 이해하고,

Those who knows these two things, have investigated the pattern of the Infinite,

常知稽式(상지계식)[9] 是謂玄德(시위현덕)[10]

이 법도를 잘 알고 활용하는 것, 이를 지극한 덕행이라고 한다.

To know and investigate the pattern, is called the profound and primordial virtue of good.

玄德深矣遠矣(현덕심의원의)[11]

이런 심오한 덕행이란 참으로 심오하고 멀어서,

This primordial virtue of good is profound and far-reaching,

與物反矣(여물반의)¹² 然後乃至大順(연후내지대순)¹³

세속의 가치와는 반대이지만, 그런 후에야 道에 따른 질서에 이르게 된다.

It looks contrary to the secular moral value, yet it should return to Tao.

65장은 지도자가 너무 잔재주를 부리면 국민은 오히려 순수함을 잃고 교활한 농간만이 판을 치게 된다는 노자의 반지성적, 반모사꾼적인 세계관을 말한 것이다.

---

1 故: 예부터. 善: 잘. 爲: 닦다.

2 非: ~하지 않는다. 以: 어조사. 明民: 백성을 총명하게.

3 將: 다만. 以: ~하게. 愚(우): 어리석게.

4 智治: 지혜로써 다스리면.

5 之: ~에. 賊(적): 해로운.

6 不以: ~하지 않으면.

7   福: 복을 받다.

8   赤: 오직. 稽(계): 잘 인지하다.

9   常: 활용하다. 知: 잘 아는 것. 稽(계): 활용하다.

10 玄: 지극한.

11 深: 깊은. 矣: 참으로. 遠: 멀.

12 與: ~와 같은. 物: 세상 가치. 反: 반대되다.

13 乃至: 이르다. 順: 질서.

江海所以能爲百谷王者(강해소이능위백곡왕자)
THE POWER IN HUMILITY

江海所以能爲百谷王者(강해소이능위백곡왕자)[1]

강과 바다가 백 개 계곡의 지배자가 되는 것은,

The river and seas lead the hundred streams like a ruler,

以其善下之(이기선하지)[2]

낮은 데에 있어서 겸손하기 때문이다.

Because they are positioned by the downstream of rivers and ocean.

故能爲百谷王(고능위백곡왕)

그래서 강이나 바다는 백 개 계곡의 왕이 될 수 있는 것이다.

In this reason, river and ocean could be regarded as a king of hundred valleys.

是以欲上民(시이욕상민)[3] 必以言下之(필이언하지)[4]

그래서 백성 위에 있고자 한다면, 자신을 낮추는 것이 필요하고,

Therefore, to rise above people, one must, in speaking, stay below them.

欲先民(욕선민)[5] 必以身後之(필이신후지)

백성들의 선구자가 되기를 원한다면, 필히 자신의 몸을 백성들 뒤에 두어야 한다.

To be a forerunner of the people, one must put oneself behind them.

是以聖人處上(시이성인처상) 而民不重(이민부중)

그래야 성인은 높은 자리에 거해도, 백성들에게 짐이 되지 않는다.

Therefore, evolved persons remain above, and yet people are not weighted down.

處前而民不害(처전이민불해)

성인이 앞에 자리 잡아도 백성들이 해를 가하지 않는다.

Even though they remain in front and the people are not held back.

是以天下樂推(시이천하락추)⁶ 而不厭(이불염)

그래서 천하가 그를 추대하기를 즐거워하며, 싫어하지 않는 것이다.

Therefore, they are willing to elect them, and yet it does not dislike them.

以其不爭(이기부쟁) 故天下莫能與之爭(고천하막능여지쟁)⁷

그래서 아무하고도 언쟁하지 않으니, 그래서 천하에 그와 다툴 사람이 아무도 없다.

Because they do not compete, the world cannot compete with them.

66장은 58장과 59장의 연속선상에서 해석되어야 할 것이다. 노자가 살던 그 시대가 얼마나 혼탁하고 위정자들이 타락했으면 계속적으로 지도자들에게 德을 쌓으라고 거듭 당부하고 있다.

---

1 所以: 이유. 爲: 되는. 百谷(백곡): 백 개의 계곡, 여기서 백 개 계곡으

로 부터 흘러 흘러 낮은 강과 바다로 모이는 것을 마치 왕이 자신을 낮춤
과 비유했다.

2 以其: ~이기 때문이다. 善: 자비스러운. 下: 낮은 곳에 두는.

3 是以: 그래서. 欲: 원하면. 上: 위에. 民: 백성.

4 以: 하는. 言: 나 자신. 下: 아래에. 之: 놓다.

5 欲: 바라다. 先: 선구자. 民: 백성.

6 樂: 즐거워하다. 推(추): 추대하다.

7 莫(막): ~하지 않는다. 能: 할 수 있다. 與: ~와. 爭: 다투다.

67장

天下皆謂 我道大 似不肖(천하개위 아도대 사불초)

COMPASSION TRIUMPS OVER ADVERSITY

天下皆謂(천하개위)[1] 我道大(아도대)[2] 似不肖 (사불초)[3]

세상 사람들은 대부분, 나의 道는 크지만 어리석은 것 같다고 말하는데,

All the people think that, my Tao is great, and yet it seems inconceivable,

夫唯大故似不肖(부유대고사불초)[4] 若肖久矣(약초구의)[5]

대저 도가 오직 크다고 해서 불초한 것인데, 그러나 그렇게 보일 수밖에 없다.

Only its greatness makes it seem inconceivable, but proceed forward forever.

其細也(기세야)

그 형상이 아주 미세하기 때문이다.

That is because its image is extremely fine and subtle.

夫我有三寶持而保之(부아유삼보지이보지)[6]

나에게는 세 가지 보배가 있는데 잘 간직해서 이를 보배로 삼
는다.

I am endowed with three treasures which should be carefully
stored and kept securely.

一曰慈(일왈자) 二曰儉(이왈검) 三曰 不敢爲天下先(삼왈
불감위천하선)[7]

첫째는 자비요, 둘째는 검소함이요, 셋째는 감히 천하에 앞장서
지 않는 것이다.

The first, it says, full of compassion, the second is to be
frugal, the third is daring not to be first in the world.

慈故能勇(자고능용) 儉故能廣(검고능광)[8]

자비함으로 능히 용기가 있으며, 검소함으로 능히 널리 베풀 수
있고,

With compassion one becomes courageous, with moderation
one becomes expansive,

不敢爲天下先(불감위천하선) 故能成器長(고능성기장)[9]

감히 천하의 앞장이 되려 하지 않으니, 고로 능히 어떤 기관의
장이 되는데,

In daring not to be first in the world, one may become the
leader of an organization,

今舍慈且勇(금사자차용)[10] 舍儉且廣(사검차광) 舍後且先
(사후차선)

그런데 요즘 사람들은 자비를 버리고도 용감하려고 하고, 검소
를 버리고도 널리 배풀려고만 하며, 뒤에서 따르지 않으면서 앞장
서려고 하는데,

Now if one is courageous without compassion, expansive
without moderation, and remain in the front without following
others.

死矣(사의)

그러면 죽는 것이다.

One is doomed to die.

夫慈以戰則勝(부자이전즉승) 以守則固(이수즉고)

그래서 자비는 언제나 싸워서 이기고, 수비를 잘해서 견고하게
된다.

Compassion always triumphs when attacked, and it brings solid security when maintained.

天將救之(천장구지)[11] 以慈衛之(이자위지)[12]

하늘이 장차 그 사람을 구원 하려고 하면, 자비로써 그를 막아 주려고 한다.

Nature aids its leaders who embraces the people, by arming them with compassion.

67장은 자비(慈悲)를 강조하고 있는데, 지도자는 자비와 검소함을 실천하고 만사에 앞장서서 설치면서 국민을 동원하고 호도하지 않으면 나라 살림이 평화롭게 잘 운영된다는 교훈을 담고 있다.

---

1   皆: 다들. 謂: 말하다.

2   我道(아도): 나의 도.

3   不肖: 어리석다.

4   夫: 생각해 보건대. 唯(유): 오직. 大: 훌륭하다. 故: 때문에. 似(사): ~이기 때문에.

5 若(약): ~같다. 肖(초): 본받다. 久: 오래가다. 矣(의): 어조사.

6 夫: 생각해 보다. 我: 나는. 持(지): 간직하다. 以: ~로. 保: 보화(寶貨).

7 不: 아니다. 敢(감): 감히. 爲: 행하다. 天下: 만백성. 先: 앞장서다.

8 儉: 검소함. 能廣: 능히 넓게 많은 사람에게 퍼지다.

9 成: ~이 되다. 器: 기구, 나라. 長: 왕이나 우두머리.

10 今: 요즘, 이제. 舍(사): 버리다. 慈(자): 자비. 且(차): 바꾸다. 勇(용): 용기.

11 天: 천지자연의 이치. 將: 이어 가다. 救(구): 구원하다.

12 衛(위): 맡아서 행하다. 之: 어조사.

善爲士者不武(선위사자불무)

NONAGRESSIVE STRENGTH

善爲士者不武(선위사자불무)[1]

내공이 잘된 지도자는 무기를 가지고 위협하지 않으며,

An evolved leader does not intimidate others with weapons,

善戰者不怒(선전자불노)

정말로 잘 싸우는 자는 화내지 않으며,

A skillful fighter does not feel anger,

善勝敵者不與(선승적자불여)[2]

진실로 적을 이기는 자는 맞붙지 않으며,

A skillful master does not engage the opponent,

善用人者(선용인자) 爲之下(위지하)

사람을 잘 부리는 자는 그 사람의 아래에 자신을 둔다.

A skillful employer remains low.

是謂不爭之德(시위부쟁지덕)

이와 같은 것을 부쟁의 덕이라 한다.

This is called the power in not contending.

是謂用人之力(시위용인지력)

이를 이르러 남의 힘을 잘 이용하는 것이라 하며,

This is called the strength to employ others.

是謂配天古之極(시이배천고지극)[3]

이것을 천리에 합한다고 하며, 예부터 지극한 도라고 한다.

This is called the highest emulation of nature.

68장은 덕을 가진 지도자는 전쟁을 가급적 피하고 어느 곳에서나 자신을 낮은 곳에 두는 겸손함을 실천하면 그게 곧 지극한 道와 합일하는 것이라고 한다. 『손자병법』「모공편(謀攻篇)」에는 지피지기(知彼知己: 적을 알고 나를 알면) 백전백승(百戰百勝)이라고 했으며, 불전이 굴인지병 선지선자야(不戰而 屈人之兵 善之善者也: 싸우지 않고 적을 굴복시키는 것이 최선이다)라고 했다.

1   善爲士者: 내공이 잘된 지도자. 不: 하지 않는다. 武: 힘으로.

2   善: 잘. 勝: 이기다. 敵者: 적. 不與: 맞서지 않다.

3   是謂: 이것을 이르러. 配(배): 일치하는. 天: 천지의 道. 故: 예부터.
    至極: 지극한.

69장

用兵有言(용병유언)

THE SECRET OF MILITARY MANUEVER

用兵有言(용병유언)

『병법』에 이런 말이 있다.

The strategists have a saying:

吾不敢爲主(오불감위주)[1] 而爲客(이위객)[2]

나는 감히 주가 되지 않고, 객이 되며,

I dare not act as a host, yet act as a guest.

不敢進村(불감진촌)[3] 而退尺(이퇴척)[4]

한 동네도 쳐들어가지 않으면서, 적을 멀리 물리칠 수 있다.

I dare not advance an inch, yet I retreat a foot.

是謂行無行(시위행무행)[5]

이런 것을 쳐들어가지 않고 얻은 공적이라고 한다.

This is called effectual achievements without moving.

攘無臂(양무비)[6] 仍無敵(잉무적)[7]

완력을 쓰지 않고 물리치는 것이고, 대적함이 없이 끝내는 것이며,

Destroy without arm-strong, bring about victory without attack,

執無兵(집무병)[8]

전쟁이 없이 지키는 것이다.

This is called capturing without mobilizing soldiers,

禍莫大於輕敵(화막대어경적)[9]

막대한 화를 입는 것은 적을 우습게 보는 데서 오는 것이다.

No misfortune is greater than underestimating resistance.

輕敵幾喪吾寶(경적기상오보)[10]

적을 가벼이 여기면 내가 소중히 여기는 것을 잃게 된다.

Underestimating resistance will destroy my treasures

故抗兵相加(고항병상가)[11] 哀者勝矣(애자승의)[12]

그래서 군사를 동원해서 서로 공격을 해도, 전쟁의 비애를 느끼는 자가 이긴다.

Therefore, when mutually opposing strategies escalate, the one who feels sorrow triumph.

69장은 서로에게 상처를 주고 죽이는 참담한 전쟁에 대한 깊은 통찰이다.

---

1   敢(감): 감히. 爲: 되다.

2   爲客: 객이 되는 것.

3   進: 쳐들어가다.

4   退: 후퇴하다. 尺(척): 물리치다.

5   是: 이것을. 謂: 말하기를. 行: 공적, 행위. 不: 않는. 行: 쳐들어가다.

6   攘(양): 막다, 물리치다. 臂(비): 완력으로.

7   孕(잉): 막다. 無敵: 적을 대함이 없이.

8   執(집): 지키다. 無兵: 병사를 동원함이 없이.

9   莫大: 아주 크다. 於: 하는 데서. 輕(경): 가볍게. 敵: 상대방.

10 幾(기): 반드시. 喪(상): 목숨을 잃다. 吾寶: 백성이 소중히 여기는 것 (토지, 국민).

11 故: 고로. 抗兵: 군대를 동원하다. 相加: 서로 공격하다.

12 哀: 애통하는 자. 勝矣: 이기니라.

70장

吾言甚易知 甚易行(오언심이지 심이행)

CREATING HARMONY

吾言甚易知 (오언심이지)[1] 甚易行 (심이행)[2]

나의 말은 아주 알기 쉽고, 실행하기도 쉬운데,

My words are very easy to know, easy to practice,

天下莫能知(천하막능지)[3] 莫能行(막능행)

천하에 잘 아는 자도 없고, 행하는 자도 없다.

Yet few under Heaven know, or practice them.

言有宗(언유종)[4] 事有君(사유군)[5]

내 말에는 근본 이치가 들어 있고, 일에는 흔들리지 않는 위엄이 있거늘,

My word reveals eternal principles, my efforts have enduring mastery,

夫唯無知(부유무지)[6]

도대체 아무도 이를 이해하지를 못하니,

Indeed, since no one knows this,

是以不我知(시이불아지)

그래서 사람들은 나를 알지 못한다.

Therefore, they do not know me.

知我者希(지아자희) 則我自貴 (칙아자귀)[7]

나를 아는 자도 드물고, 나를 따르려는 자도 드문지라,

It should be rare to know what I am, and also rare who want to follow me,

是以聖人(시이성인) 被褐(피갈)[8] 懷玉(회옥)[9]

그러므로 성인은, 겉으로는 천한 옷을 걸치고, 마음속에는 귀한 구슬을 간직하고 있다.

Therefore, evolved person wears a common clothing, and keep precious jade in their heart.

70장은 한 나라의 지도자는 사심을 버리고 백성을 무위자연의 원리와 같이 자연스러운 리듬에 맞게 통치하라는 노자의 간단명료

한 정치 철학을 서술했다. 그리고 그의 위대한 심성철학을 이해하지 못하는 치정자들에게 회의를 느끼며 세상을 등지고 어디론가 떠나가는 노자의 찹찹한 심정을 시로 읊은 것이다.

———————

1   甚(심): 아주. 易: 쉽다. 知: 알다.

2   行: 실행하다.

3   莫(막): 없다. 能: 잘. 知: 아는 자(동사가 명사로 쓰인 경우).

4   宗: 근본 이치. 근본 원리.

5   事: 만사. 有: 있다. 君: 어떤 위엄.

6   夫: 생각해 보건대. 唯(유): 오로지. 無知: 이해하지 못하다.

7   則(칙): 따르다. 我: 나를. 者: 따르는 자. 貴: 귀하다.

8   被(피): 겉으로는. 褐(갈): 조잡한 옷.

9   懷(회): 간직하다. 玉: 귀한 구슬.

71장

知不知上(지부지상)
ADMITTING YOU DON'T KNOW IS
THE SUPREME STRENGTH

知不知上(지부지상)[1] 不知知病(부지지병)[2]

자신이 모른다는 것을 아는 것이 최상이고, 알지 못하면서도 안다고 하는 것은 병이다.

To know that you do not know is the best, to think you know when you do not is a disease.

夫唯病病 是以不病(부유병병)[3] (시이불병)[4]

생각건대 그저 모르는 것을 병으로 생각하니, 그건 더 이상 병이 아니다.

Indeed, those who admit mistakes, they are free of the disease.

聖人不病(성인불병) 以其病病(이기병병)

성인에게는 병이 없는데, 모른다는 것을 병으로 생각하기 때문이다.

Evolved persons are free of the disease, because they regard ignorance as disease.

是以不病(시이불병)

그래서 병이 없이 사는 것이다.

This is the way to be free of disease.

71장에서 성인은 모르는 것은 당연히 모른다고 하지만, 아는 것도 모른다고 하는 것이 최상이라고 하는데, 이 말은 공자의 사상과 배치되는 내용이다. 공자는 아는 것은 안다고 하고 모르는 것은 모른다고 하는 것이 곧 아는 것이라고 했다. 여기서 노자가 말하는 앎이란 것은 모름을 전제로 하기 때문에 우리가 모른다고 말할 때 진정한 진리에 다가갈 수 있다는 역설적인 진리를 말하고 있다. 모든 종교는 자신이 모르는 것을 확신을 가지고 남을 세뇌시키려 한다. 이 때문에 인류의 비극이 종교에서 싹튼 것이다. 그러나 내가 모른다고 말할 때 우리는 진리에 다가가기 위한 노력을 기울여서 진정으로 그 진리를 터득하게 되는 것이다.

1   知: 알다. 不知: 내가 모른다는 걸 아는 것. 上: 최상.

2   不知: 알지 못하다. 知: 아는 척하다. 病: 병이다.

3   夫: 생각건대. 唯(유): 그저. 病: 생각하다. 病: 병으로.

4   是以: 그래서 그것은. 不病: 병이 아니다.

72장

民不畏威(민불외위)

KNOWING YOURSELF: GAINING GREATER PERSPECTIVE

民不畏威(민불외위)¹ 則大威至(즉대위지)²

백성들이 통치자의 권위를 두려워하지 않으면, 결국 가장 무서운 형벌이 온다.

If the people do not fear authority, serious trouble follows.

無狎其所居(무압기소거)³ 無厭其所生(무염기소생)⁴

지도자는 백성이 사는 것을 쥐어짜지 말고, 그들의 삶을 괴롭히지 말아야 하는 법이다.

The ruler should not suppress people's life, let their lives alone.

夫唯不厭(부유불염)⁵ 是以不厭(시이불염)

생각해보면 백성들이 자신의 삶을 괴롭다고 생각하지 않으면, 비로소 백성은 지도자를 추대하게 되는 것이다.

If people feel like not to be distressed by the ruler, they

should feel close to him and respect.

是以聖人自知(시이성인자지) 不自見(부자견)

그래서 성인은 자신이 밝은 지혜를 가지고 있지만, 스스로 그것을 밖으로 드러내지 않고,

Therefore, evolved persons know themselves, but do not display themselves,

自愛(자애) 不自貴(부자귀)

자신의 몸을 아끼면서도, 스스로 자신을 높이지 않는다.

They love themselves, but do not treasure themselves.

故去彼取此(고거피취차)[6]

그러므로 나와 남을 구별하는 개념을 없애 버린다.

Hence, they try to get rid of the conception between myself and others.

72장은 폭정으로 국민들의 불만이 최고조에 달한 당시의 정치 상황을 묘사한 것으로, 국민이 지도자의 권위를 무서워하지 않는다는 것은 곧 한 왕조의 종말이 가까워지고 있음을 암시한 것이다.

지도자에게 늘 겸손할 것을 주문하고 있다.

---

1   畏(외): 두려워하다. 威(위): 권위.

2   則(즉): ~하는 법이다. 大威: 큰 위험.

3   無: 말아라. 狎(압): 들들 볶다, 쥐어짜다. 其: 그. 所: 것. 居: 사는 곳.

4   厭(염): 괴롭히다. 其所生: 그들의 삶.

5   夫: 생각해 보면. 唯(유): 단지. 厭(염): 싫어하다.

6   故: 고로. 去: 없애다. 彼(피): 타인. 取(취): 구분하다, 취하다. 此(차): 나.

73장

勇於敢則殺(용어감즉살)
NATURE'S WAY OF GOVERNANCE

勇於敢則殺(용어감즉살)**1** 勇於不敢則活(용어불감즉활)**2**

주저 없이 일을 감행하는 용맹자는 제명을 못 살고, 용기 있게
감행하지 않는 자는 제명을 산다.

Those who bold in daring will die, those who bold in not
daring will survive.

此兩者(차양자) 或利或害(혹리혹해)

이 양자는 모두 용기로되, 하나는 용기를 통해 이로운 결과를 낳
고, 또 하나는 해로운 결과를 낳기도 한다.

Of these two, either may benefit or harm.

天之所惡(천지소오)**3** 孰知其故(숙지기고)**4**

하늘이 미워하는 바를, 그 누가 까닭을 알겠는가?

Nature decides which is evil, but who can know why?

是以聖人(시이성인) 猶難之(유난지)[5]

그래서 성인은 오히려 어렵다고 본다.

Therefore, evolved persons regard this as difficult.

天之道(천지도) 不爭而善勝(부쟁이선승)

하늘의 도는, 싸우지 않아도 잘 이기고,

The Tao in nature, does not contend, yet skillfully triumphs.

不言而善應(불언이선응)[6] 不召而自來(불소이자래)[7]

법령이 없어도 잘 따르고, 부르지 않아도 저절로 간다.

People follow without harsh law, and yet it goes well by itself as always.

繟然而善謀(천연이선모)[8]

하늘의 도는 대담하면서도 올바르게 잘 도모한다.

Even though grandious, yet skillfully designs.

天網恢恢(천망회회)[9] 疎而不失(소이불실)[10]

자연의 법망은 넓디넓어서, 성기어 보이지만 놓치는 것이 없다.

Nature's network is so vast, its mesh is coarse, yet nothing slips through.

73장을 72장의 연속선상으로 본다면, 지도자가 무위자연의 덕으로 선도해야 백성들이 지도자의 정책에 따르고 안정적으로 국정을 수행할 수 있다고 말해 주고 있다. 여기서 좀 인상적인 것은 천망회회(天網恢恢)인데 이 세상에는 법망(法網), 어망(漁網), 천망(天網)의 세 가지 網이 있다는 것이다. 그런데 세상에서 법망과 어망은 피해 갈 수 있으나 천망은 성깃성깃하지만 아무도 피해 갈 수 없다고 말한다.

---

1   勇: 주저 없이. 於: ~을. 敢(감): 용감한. 則: ~하는. 殺: 죽는다.

2   不敢: 용기 있게 감행하지 않는 자. 活: 산다.

3   天: 하늘. 所: ~하는 바. 惡(오): 미워하다.

4   孰(숙): 누가. 故: 연유.

5   猶(유): 판별하다, 헤아리다.

6   不言: 법령이 없는 것.

7   不: 아니한다. 김: 변하다. 而: ~하지만. 自來: 스스로 돌아가다.

8   繟然(천연): 대담함. 然: 응하다. 善: 잘. 謨(모): 도모하다.

9   恢(회): 넓다, 크다.

10   疎(소): 성깃성깃하다. 而: ~하지만. 失: 잃다, 놓치다.

74장

民不畏死(민불외사)

WHAT IF THE PEOPLE ARE NOT AFRAID OF DEATH?

民不畏死(민불외사)[1] 奈何以死懼之(내하이사구지)[2]

백성들이 학정으로 인해서 죽음조차 두려워하지 않는다면, 어떻게 죽음으로 그들을 두렵게 할 수 있겠는가?

What if the people are not afraid of death because of tyranny, how is it possible making them afraid of being died?

若使民常畏死(약사민상외사)[3] 而爲奇者(이위기자)

만약 백성들이 늘 죽음을 두려워하게 한다면, 이는 사악한 짓을 하는 것이다.

If the ruler causes the people virtually to be dreadful of death, it should be exceptionally vicious thing.

吾得執(오득집)[4] 而殺之孰敢(이살지숙감)[5]

만약 내가 나라를 통치하게 되면, 감히 어떻게 사람을 죽이는 사악한 짓을 할 것인가?

If I hold power as a ruler, who would dare seize them and put them to death?

常有司殺者殺(상유사살자살)[6] 夫代司殺者殺(부대사살자살)[7]

항상 사직을 맡은 자가 하늘에 계셔서 죽여야 하는데, 하느님을 대신하여 사람을 죽이면 그를 망하게 한다.

There is always the master executioner who kills in the Heaven; therefore, if the official killer kills peoples on behalf of the Master Executioner, it kills the official killer instead.

是謂代大匠斲(시위대대장착)[8]

이는 훌륭한 목수가 깎는 것을 서투른 목수로 바꾼다는 것을 의미하는데,

It is like substituting for the master carpenter who carves,

夫代大匠斲者(부대대장착자)[9] 希有不傷其手矣(희유불상기수의)[10]

생각해 보건대, 서투른 목수로 바꾼다는 것은, 그의 손을 다치지 않은 법이 거의 없다.

In retrospect, whoever substitutes for the master carpenter in carving, rarely escape injury to his hands.

74장은 73장에서 천망회회(天網恢恢: 자연의 넓디넓은 법망)를 확대 해석한 것으로, 형벌을 남용하는 지도자에 대한 준엄한 경고라고 할 수 있다.

------

1 畏(외): 두려워하다.

2 奈(내): 어찌. 以: ~으로. 死: 죽음으로. 懼(구): 두려워하다.

3 若(약): 만약. 使: ~하게 하다. 常: 늘.

4 吾: 내가. 執: 집권하다, 통치하다.

5 以: 집권하면서. 孰: 어떻게. 敢(감): 감히.

6 常: 늘. 有: 취하다. 司(사): 사직.

7 夫: 생각해 보면. 代: 대신하여. 殺: 맡다. 殺: 사살자.

8 是: 이는. 謂: 소위. 代: 바꾸다. 大: 훌륭한. 匠(장): 장인, 목수. 斲
   (착): 깎다.

9 夫: 생각해 보면. 代: 대신.

10 希: 드물다. 不傷: 상처를 안 입다. 手: 손. 矣(의): 말 마침의 어기사
   (語己辭).

75장

民之饑 以其上食稅之多(민지기 이기상식세지다)
THOSE WHO WOULD GOVERN WISELY,
MUST FIRST RESPECT LIFE

民之饑(민지기)[1] 以其上食稅之多(이기상식세지다)[2]

백성들이 굶주리는 것은, 그 위에서 세금을 많이 받아먹기 때문
이다.

People are hungry, because those above consume too much
in taxes.

是以饑(시이기)

그러므로 굶주리는 것이다.

People are hungry.

民之難治(민지난치) 以其上之有爲(이기상지유의)[3]

백성들을 다스리기 어려운 것은, 윗사람들이 너무 허위를 조작
하기 때문이다.

People are difficult to lead, because those above manipulate
with the people.

是以難治(시이난치)

그러므로 다스리기 힘든 것이다.

People are difficult to lead.

民之輕死(민지경사) 以其上求生之厚(이기상구생지후)[4]

백성들이 죽음을 가벼이 여기는 것은, 그들의 삶을 추구하기가 힘들기 때문이다.

People might be accustomed to be killed with disdain, because those above impose inordinate burdens to peoples and make the livelihood of the people extremely difficult.

是以輕死(시이경사)

그러므로 죽음을 가벼이 여기는 것이다.

People make light of death.

夫唯無以生爲者(부유무이생위자)[5] 是賢於貴生(시현어귀생)

대저 자신의 삶에 거짓이 없는 지도자는, 자신의 생을 귀하게 여기며 거짓을 행하는 지도자보다 낫다.

Indeed, it is those who do not lie with their own lives, would rather govern wisely than those who lie in order to cherish their own lives.

　「덕경」의 후편으로 갈수록 노자는 좀 더 구체적으로 부패한 권력
자들이 국민을 가렴주구와 권모술수로 다스릴 때 백성들은 죽음을
두려워하지 않는다고 경고한다. 노자는 자신의 삶에 집착함이 없
이 백성을 다스리는 무위(無爲)의 지도자상을 최고의 가치로 평가
했다.

1　饑(기): 굶주리다. 以: 까닭. 其: 그.

2　上: 통치자. 食: 받아먹다. 之: ~을. 稅: 세금.

3　上: 통치자. 有: 행하다. 爲: 허위.

4　求: 추구하다. 厚(후): 힘든.

5　夫: 생각해 보면. 唯: 오로지. 以生: 생에 대해서.

76장

人之生也柔弱(인지생야유약)

THE POWER IN FLEXIBILITY

人之生也柔弱(인지생야유약) **其死也**(기사야) **堅强**(견강)

사람이 날적에는 몸이 부그럽고 연약하지만, 죽으면, 몸이 굳어
져 단단하고 뻣뻣해진다.

We begin life gentle and yielding, at death we are rigid and
inflexible.

萬物草木之生也柔脆(만물초목지생야유취)[1] **其死也枯槁**
(기사야고고)[2]

모든 초목들도 살아 있을 때는 부드럽고 연한데, 죽으면 마르고
딱딱해진다.

All things, including trees are green and supple, in death
they are sere and rigid.

故堅强者(고견강자) **死之徒**(사지도) **柔弱者**(유약자) **生之
徒**(생지도)

고로 딱딱하고 강한 자들은 죽음의 무리요, 부드럽고 연약한 자들은 삶의 무리다.

Therefore, those are firm and inflexible belong to death, the gentle and yielding are filled with life.

是以兵强則不勝(시이병강즉불승)[3] 木强則兵(목강즉병)[4]

그래서 강력한 군사력으로만 이길 수 없고, 나무도 강하지만 도끼에 찍히는 법이다.

Therefore, the inflexible plan cannot succeed, likewise the tree will break.

强大處下(강대처하) 柔弱處上(유약처상)

강대한 부분은 아래에 있고, 유약한 부분은 위에 있는 것이다.

The position of the inflexible descends, the position of the yielding ascends.

76장은 43장의 지유(至柔: 물과 같은 것)는 지견(至堅: 견고한 것)을 이긴다는 것과 비교하면 될 것이다.

1　萬物: 모든. 之: ~도. 柔脆(유취): 부드럽고 연한.

2　其: 때. 枯(고): 마르고. 槁(고): 딱딱.

3　是以: 그래서. 兵: 군사력.

4　木强: 강한 나무. 則(즉): ~하는 법이다. 兵: 찍히다.

77장

天之道 其猶張弓與(천지도 기유장궁여)
TRANSCENDING THE EGO

天之道(천지도)¹ 其猶張弓與(기유장궁여)²

하늘의 도는, 그것이 마치 활을 당기는 것과 같아서,

The Tao in nature is like a bow that is stretched,

高者抑之(고자억지) 下者擧之(하자거지)³

높은 곳은 아래로 누르고, 낮은 곳은 들어 올리고,

The top is pulled down, the bottom is raised up,

有餘者損之(유여자손지)⁴ 不足者補之(부족자보지)⁵

남는 것은 덜어 주고, 모자라는 것은 보태 준다.

What is excessive is reduced, what is insufficient is supplemented.

天之道(천지도) 損有餘(손유여) 而補不足(이보부족)

하늘의 도는, 이렇게 남는 것을 덜어서, 모자라는 것을 채워 주는데,

The Tao in nature, reduces the excessive, and supplements the insufficient.

人之道則不然(인지도즉불연)[6] 損不足(손부족) 以奉有餘(이봉유여)[7]

인간의 마음은 그렇지 못해서, 부족한 데서 뺏어다가, 넘치는 사람에게 보태 주는 그런 짓을 하고 있는 것이다.

However, the Tao in Man is not so; he reduces the insufficient and serves the rich.

孰能有餘(숙능유여)[8] 以奉天下(이봉천하)[9]

그럼 과연 누가 남는 것을, 모자라는 백성들께 보태 줄 수 있을까?

Who then can use excess, to serve the needy peoples?

唯有道者(유유도자)[10]

오직 도를 구현한 자만이 그렇게 할 수 있다.

Only those who possess the Tao.

是以聖人(시이성인) 爲以不恃(위이불시)[11]

그래서 성인은, 일을 성취하되 대가를 기대하지 않고,

Therefore, evolved persons act without attachment,

功成而不處(공성이불처)

공이 이루어져도 그 속에서 안주하지 않고,

Achieve, but does not take credit.

其不欲見賢(기불욕현현)[12]

자신의 슬기로움을 밖으로 드러내지 않는다.

And have no desire to display their excellence.

77장은 75장을 확대 해석한 것으로, 세상이 불평등한 원인을 인간의 탐욕으로 인한 윤리적인 타락이라고 말하고 그걸 해결해 줄 수 있는 사람은 오로지 도를 터득한 성인이라고 말한다. 토마스 홉스는 사회를 만인의 만인에 대한 투쟁으로 규정했는데, 현대 자본주의 사회의 병폐인 불평등과 빈부의 차이는 약자를 착취하는 탐욕의 산물이 아닐까?

1 天: 하늘. 之: ~의.

2 其: 하늘의 도. 猶(유): 마치. 張: 당기다. 弓: 활. 與: ~와 같다.

3 擧之(거지): 들어 올리다.

4 有餘者: 여유 있는 자. 損: 빼앗다. 之: 어조사.

5 補之: 보태 주다.

6 人之道: 인간의 도. 則: ~하는 법이다. 不然: 그러하지 못하는.

7 奉: 바치다.

8 孰能(숙능): 누가 그렇게 할 수있나.

9 天下: 백성들.

10 唯有: 오직 ~이다.

11 以: 까닭. 不: 아닌. 恃(시): 기대하다.

12 其: 그. 不: 아니하다. 欲: 욕심부리다. 見: '현'으로 발음, 勝의 뜻. 賢
   (현): 슬기로움.

78장

天下莫柔若於水(천하막유약어수)
THE TRUTH IS OFTEN PARADOXICAL

天下莫柔若於水(천하막유약어수)**1**

천하에 물보다 더 부드럽고 연약한 것은 없다.

Nothing in the world is as yielding and receptive as water.

而攻堅强者(이공견강자)**2** 莫之能勝(막지능승)**3**

그런데 그것이 단단하고 굳은 것을 치는데, 물을 이길 수 없다.

Yet in attacking the firm and inflexible, nothing triumphs over water.

以其無以易之(이기무이역지)**4** 弱之勝强(약지승강)**5** 柔之勝剛(유지승강)**6**

이러한 물의 기능을 대신할 것은 없는데, 약함이 강함을 이기고, 부드러움이 딱딱함을 이기는 것은,

There is nothing of substitute for water, the receptive triumphs over the inflexible; the yielding triumph over the rigid,

天下莫不知(천하막부지) 莫能行(막능행)

천하 사람들이 모르는 것이 아니건만, 그것을 잘 행하지 못한다.

None in the world do not know this, none have the courage to practice it.

是以聖人云(시이성인운)

그래서 성인은 말한다.

Therefore, evolved persons say:

受國之垢(수국지구)[7] 是謂社稷主(시위사직주)

나라를 떠맡는 것은 구차한 일인데, 이를 사직(조상의 혼을 모시고 농사를 관장하는)의 주인이라 할 수 있고,

One who accepts the nation expecting to befall the disgrace of organization, can be called the leaders of the grain shrine.

受國不祥(수국불상) 是以天下王(시이천하왕)

나라를 떠맡는 상스럽지 못한 것을, 이르러 천하의 왕이 된 것이라고 하며,

One who accepts the misfortune of the organization, can be called the leader of the world.

正言若反(정언약반)

바른말은 반대로 들린다.

The truth is often paradoxical.

78장은 노자의 정치철학을 극도로 축약한 문장으로, 당시의 정치 상황이 얼마나 부패했는지를 가늠할 수 있다. 미국의 트럼프 전 대통령이나 과거 한국의 부패한 지도자들에게 강력한 울림을 주는 교훈이 아닌가 한다.

---

1 莫: 없다. 柔: 부드러운. 若(약): ~같은. 於: 대신하는.

2 而: 하지만. 攻: 치다. 堅: 단단한 것. 强者: 강한 것.

3 莫: 할 수 없다.

4 而: 이러한. 其: 물. 無: 없다. 易(역): 대신하다. 之: 그를(물).

5 弱之: 약한 것. 勝: 이기다. 强: 강한 것.

6 柔之: 유연한 것. 勝: 이긴다. 剛: 굳센.

7 受: 맡다. 國: 나라. 之: ~하는. 垢(구): 구차한 일.

79장

和大怨 必有餘怨(화대원 필유여원)
THE POWER IN NOT PROVOKING CONFLICT

和大怨(화대원) 必有餘怨(필유여원)

큰 원한은 아무리 화해를 해도, 원한의 앙금이 남는다.

Even when a great resentment is reconciled, some resentment must linger.

安可以爲善(안가이위선)[1]

그러니 어찌 화해했다고 할 수 있겠는가?

How can this be called compromised?

是以聖人(시이성인) 執左契(집좌계)[2]

그래서 성인은, 채권자의 어음(옛날에 쓰던 증서)의 왼쪽을 가지고 있으면서도,

That is why even though evolved persons hold the left side of the contract,

而不責於人(이불책어인)³

채무자를 독촉하지 않는다.

Do not censure others.

有德者司契(유덕자사계)⁴ 無德者司徹(무덕자사철)⁵

덕이 있는 사람은 어음으로 결제하고, 덕이 없는 사람은 기어이 현물로 징수한다.

Those with the virtue are in charge of the contract; those without the virtue resolve the conflict defrauding tax.

天道無親(천도무친)⁶ 常與善人(상여선인)⁷

하늘의 도는 한쪽으로 기울지 않는데, 항상 선인의 편에 선다.

The Tao in nature has no favorites, it always resolves the conflict with the wisdom of Tao.

79장은 도를 터득한 지도자는 늘 대승적인 아량으로 만사를 백성의 입장을 배려해서 다그치지 않고 세금을 과도하게 징수하지 않는다는 것이다. 여기서 대원(大怨)이란 지도자가 백성들로부터 받는 원한을 뜻한다.

1 安: 어찌. 爲: 행하다. 以: 그것이. 善: 화해하다.

2 執左契(집좌계): 옛날에 채권자가 가지고 있던 채권 증서의 왼쪽 반.

3 以: ~하면. 不責: 질책하지 않는다. 於: ~에게. 人: 채무자.

4 司: 해결하다. 契: 일종의 어음.

5 徹(철): 기어이 현물로 관철하다.

6 無親: 한쪽으로 기울지 않다.

7 與(여): 되도록 하다.

80장

小國寡民(소국과민)

MINIMIZE THE ORGANIZATION AND SCANTY POPULATION

小國寡民(소국과민)

나라를 가능한 작게 하고, 국민들의 숫자를 적게 하라!

Let there be a small organization, with few people.

使有什伯之器(사유십백지기)[1] 而不用(이불용)[2]

설사 많은 훌륭한 무기가 있어도, 그 기구를 쓰지 않게 하고

Even if there are variety of good weapons, let them just be there,

使民重死(사민중사)[3] 而不遠徙(이불원사)[4]

백성들로 하여금 죽음을 중히 여기게 하고, 멀리 이사하지 않게 하라!

Let the people value their lives, and yet not move far away.

雖有舟輿(수유주여)[5] 無所乘之(무소승지)[6]

비록 배와 수레가 있어도, 그것을 탈 일이 없게 하라!

Even if there are boats and carriages, let there be no occasions to use them.

雖有甲兵(수유갑병) 無所陳之(무소진지)[7]

비록 갑옷과 병기가 있어도, 그것을 펼칠 일이 없게 하라!

Even if there are armor and weapons, let there be no occasions to display them.

使人復結繩而容之(사인복결승이용지)[8]

사람들로 하여금 다시 새끼를 묶어 약속의 표시로 사용하게 하라!

Let the people again knot cords and use them,

甘其食(감기식)[9] 美其服(미기복) 安其居(안이거) 樂其俗(락기속)

백성들이 맛있는 음식을 먹게 해 주고, 좋은 옷을 입고, 편안한 곳에 살며, 풍속을 즐기게 하며,

隣國相望(인국상망) 雞犬之聲相聞(계견지성상문)

이웃한 나라가 서로 바라보고, 닭과 개의 소리가 다 들려도,

Nearby organizations may watch each other; their crowing

and barking may be heard,

民至老死不相往來(민지노사불상왕래)[10]

백성들이 늙어 죽을 때까지 서로 왔다 갔다 하지 아니한다.

Yet people may grow old and die without coming and going between them,

80장은 노자가 제창하는 이상적인 유토피아의 화룡정점(畵龍點睛)이라고 할 수 있다. 여기서 우리는 노자가 왜 춘추전국시대를 등지고 서쪽으로 떠나가는지 그의 소박한 인생관을 가늠하게 된다.

---

1 使: 설사. 什: 많은. 伯: 훌륭한.

2 器: 무기. 而: 있다 해도.

3 民: 백성. 死: 죽음.

4 而: ~하게 하라. 遠: 멀리. 徙: 이사.

5 雖(수): 비록. 舟輿: 배와 마차.

6 無所: 탈 일.

7 無所: 장소. 陳: 펼칠.

8　使人: 사람들로 하여금 ~하게 하라. 復: 다시. 結繩(결승): 옛날에는
　　새끼를 묶어서 약속의 표시로 한 데서 유래한 것, 즉 노자의 반문명적인
　　순수함을 의미한다.

9　甘: 맛있게. 其: 그 음식. 食: 음식을 먹다.

10　至: ~할 때까지. 不: 아니. 相: 서로. 往來: 왔다 갔다 하다.

81장

信言不美(신언불미)
TRUTHFUL WORDS DO NOT FLATTER

信言不美(신언불미)**1** 美言不信(미언불신)

진실한 말은 아름답지 않고, 아름다운 말은 진실하지 않다.

Sincere words are not embellished; embellished words are not sincere.

善者不辯(선자불변)**2** 辯者不善(변자불선)

선한 자는 따지지 않으며, 따지는 자는 선하지 않다.

Those who are good are not defensive; those who are defensive are not good.

知者不博(지자불박) 博者不知(박자부지)

참으로 아는 자는 박식하지 않으며, 박식한 자는 참으로 알지 못한다.

Those who know are not erudite; those who are erudite do not know.

聖人不積(성인부적) 旣以爲人己愈有(기이위인기유유)[3]

성인은 쌓아 두지 않고, 백성들을 위해서 쓰면 쓸수록 어진 덕을 얻는다.

Evolved individuals do not accumulate, and the more they do for others, the more they gain.

旣以與人(기이여인)[4] 己愈多(기유다)[5]

힘써 남에게 주면 줄수록, 자기가 더 풍요로워진다.

The more they give to others, the more they possess.

天地道(천지도) 利而不害(리이불해)

하늘의 도는, 이롭게만 할 뿐 해를 끼치지 않으며,

The Tao of nature, is to serve without spoiling.

聖人之道(성인지도) 爲而不爭(위이부쟁)[6]

성인의 도는, 남을 위할 뿐 싸우지 않는다.

The Tao of evolved persons is to act without contending.

자, 이제 노자의 인생관과 국가관을 정리하는 마지막 장인데, 여기서 노자는 信을 강조하고 있다. 공자는 『논어』에서 仁을 강조했는데, 仁이란 사람을 사랑하는 것이다. 거기에 비해서 信은 仁보다 더 근본적인 것으로 인간관계나 사회 또는 국가에서 모든 관계의 근본이라고 할 수 있다. 우리가 통상 "그 사람 참 신용 있는 사람이다."라고 할 때 그 사람과의 진정한 인간관계가 성립될 수 있으며, 신뢰를 바탕으로 사회와 국가는 발전하고 신용사회, 복지사회가 되는 것이다.

---

1 信言: 믿을 수 있는 말. 美: 아름다운.

2 辯(변): 따지다, 말다툼하다.

3 旣(기): 전부. 己(이): 내가 가진 것. 爲: 위하여. 人: 백성, 주다, 베풀다. 己(기): 자기. 愈(유): 더욱. 有: 德을 얻다.

4 旣(기): 전부. 以: 해서. 與(여): 주다. 人: 백성들.

5 愈多(유다): 더 풍요로워지다.

6 爲: 남을 위하다. 而: ~ 하지만.

『도덕경』 번역을 마무리하며…

　우리 한글은 72%에서 73% 정도가 한자에서 유래했다고 한다. 그리고 우리가 쓰는 말 중에 명사(신문, 건강, 안전, 가족, 여행 등) 는 90%가 한자에서 유래했으니 한자를 모르고서는 우리나라 말의 참뜻을 이해할 수 없다. 왜냐하면 한자는 우리 동이족이 만든 문자 이기 때문이다.

　몇 년 전 서울의 어느 명문대학 교수가 우리나라 역사를 상고사 부터 정리해서 책을 펴냈는데, 어느 방송에 나와서 한자(漢字)는 우리가 만든 말이 아니기 때문에 믿을 것이 못 된다고 말하는 걸 보 고 나는 너무 놀랐다. 멀리 상고사 시대로 올라가면 한자는 산스크 리트어(실담어)에서 유래했다는 단서가 발견되는데, 지금으로부터 대략 4200년 전 하나라(기원전 2070년경 중국에서 창건된 나라) 때 동이족이 중천축국(中天竺國: 지금의 감숙성 돈황)에서 산스크리트 어의 알파벳 50자 중 36자를 채택해서 한자를 만들었다고 송나라 의 정초(鄭樵)가 쓴 『통지(通志)』의 「육서략」과 「칠음서」에 기록되어 있다.

　훈민정음도 세종대왕이 언문청을 설치하고 고대 인도의 성명기

론에 입각해서 고령부원군과 성삼문 등에게 언문을 짓게 했다고 한다. 이런 주장은 성종 때의 학자인 성현의 『용재총화』에도 한글은 산스크리트어에서 파생된 원나라의 파스파 문자를 참고해서 만들었다고 기록되어 있고, 또 조선 후기인 영조 대의 문신이요 철학자였던 이익이 지은 『성호사설』에도 언문은 몽골의 파스파 문자에서 나왔다고 적혀 있다. 세계적인 언어학 석학인 고려대학교의 국문과 정광 명예교수님의 저작에서도 동일하게 그 근거를 확인할 수 있다. 저자가 10여 년 동안 산스크리트어를 연구해 본 결과, 과연 그게 사실임을 확인하였다. 그래서 한자와 한글의 발음과 뜻이 유사한 것이다.

참고로 하버드 대학의 해리 와이드너 도서관(Harry Widener Library) 건물 4층에는 산스크리트어 교실이 있는데, 매주 산스크리트어와 인도 그리고 티베트어를 연구하는 대학 교수들과 대학원 학생들이 모여서 산스크리트어를 연구한다. 1784년 영국의 언어학자이자 세계 17개 국어에 통달했던 인도의 벵갈지방 판사였던 윌리엄 존스(William Jones)는 현지에서 벵갈지방 아시아인 협회(Asian Society of Bengal)를 창설했는데, 거기에서 다음과 같은 말을 남겼다.

"산스크리트어는 인도-유럽언어의 뿌리인데(Sanskrit Language cognate Indo-European language), 그리스어보다 더 정밀하며 라틴

어보다 더 광범위하다. 그러나 안타깝게도 산스크리트어를 만든 사람들은 이 지구상에 더 이상 존재하지 않는 것 같다."

그런데 산스크리트어가 지금 경상도, 전라도 그리고 이북에서 쓰는 사투리와 정확하게 일치한다는 사실은 우리의 선조인 동이족이 만든 글자가 곧 산스크리트어라는 결론에 도달하게 된다. 강상원 박사는 지난 50년간 전 세계 언어학(etymology)을 연구한 끝에 『산스크리트어 사전』 2권(Sanskrit Korean Dictionary, 1권 1,155쪽, 2권 1,069쪽)을 편찬해서 산스크리트어를 만든 사람들은 우리 동이족이라는 사실을 전 세계 학계에 입증했으며, 하버드와 컬럼비아, 옥스퍼드대학을 비롯한 전 세계 명문대학 도서관에서 이 사전을 소장하고 있다.

이번에 저자는 『도덕경』의 영문 번역을 시도함으로써 원래 노자가 의도했던 심오한 의미를 천착할 수 있었다. 왜냐하면 영어는 다양한 나라들의 전통에서 유래한 방대한 언어를 수용하여 세계 어느 나라의 언어와도 비교할 수 없을 만큼 어휘가 가장 풍부한 언어이기 때문이다.

조지아의 작은 마을에서

제임스 김